FRIDA
EN MEXICANSK SAMLING
KAHLO

Iben und Niels Ahlberg

Übersetzung von Frauke Watson

home sweet home

So will ich wohnen!

Lifestyle
BUSSE
SEEWALD

Inhalt

CABIN FEVER
THE BED

Einleitung

Ob Sie es nun wollen oder nicht – Ihr Zuhause ist der Spiegel Ihrer Persönlichkeit. Man kann daran ablesen, wer Sie sind, wo Sie herkommen, was gerade in Ihrem Leben passiert – und sogar bis zu einem gewissen Grad, worauf Sie in dieser Phase Ihres Lebens zusteuern.

»Das ist alles gut und schön,« werden die meisten von uns nun wahrscheinlich sagen, »aber wenn ich genügend Geld hätte, um mein Traumhaus zu kaufen, meine Wohnung von Grund auf zu renovieren, die richtigen Möbel anzuschaffen oder das richtige Badezimmer zu installieren – dann würde man erst wirklich sehen, wer ich bin.«

Das ist sicher richtig – aber ist das ein Grund, unser Leben auf Sparflamme zu schalten, bis wir endlich im Lotto gewinnen oder den Traumjob bekommen? Wenn wir auf einen idealen Zeitpunkt warten, um unsere Träume auszuleben, anstatt es hier und jetzt zu tun, sind am Ende nur wir selbst und unsere Nächsten die Verlierer.

Ein ganz persönlich eingerichtetes Zuhause ist ein ehrliches Zuhause. Es passt zu dem Menschen, der darin lebt. Natürlich lassen sich unsere sehnlichsten Wünsche und Träume nicht immer sofort in die Tat umsetzen. Doch das sollte uns nicht daran hindern, das Bestmögliche aus dem zu machen, was wir haben. Natürlich ist es wunderbar, wenn wir über das nötige Kleingeld verfügen, um genau die Möbel anzuschaffen, die uns vorschweben. Aber um eine Atmosphäre der Behaglichkeit zu schaffen, die zudem noch ein echter Ausdruck der eigenen Persönlichkeit ist, muss man sein Bankkonto nicht bis an die Schmerzgrenze belasten – ganz im Gegenteil. Individualität kann man nicht kaufen, denn sie liegt im Detail und in der Art und Weise, wie wir die Dinge zusammenstellen. Und ganz unabhängig davon, wieviel Geld wir jeweils für unsere Einrichtung bezahlt haben, können wir alle voneinander lernen. Der Minimalist, dessen Wohnung eine Oase der Einkehr ist, kann dem zerfahrenen Wirrkopf ein paar Tipps dafür geben, wie er in seiner häuslichen Umgebung besser zur Ruhe kommt. Der arme Künstler um die Ecke könnte selbst jemandem wie Donald Trump eine Menge Tipps und

Tricks geben, wenn es diesem auf etwas anderes als auf die Zurschaustellung seines Reichtums ankäme. Und Kunstliebhaber mit Durchschnittsportemonnaie mögen sich von der natürlichen Art und Weise, wie manche großen Kunstsammler ihre Schätze in den persönlichen Lebensraum einordnen, wertvolle Hinweise holen. Natürlich gibt es auch bei der Einrichtung Modetrends und »angesagte« Dekorationen. Doch Charme und Individualität lassen sich nun einmal nicht mit Geld bezahlen. Sie sind einzig und allein das Ergebnis des Wunsches, das Leben auf eigene, kreative Art und Weise zu gestalten. Persönlichkeit liegt in den fantasievollen Details wie zum Beispiel den Basteleien unserer Kinder und in der Geschichte, die unsere Wohnung erzählt.

Wir haben für unser Buch Fotos von Wohnungen ausgewählt, die zwar oft durchaus klassisch eingerichtet sind, sich jedoch allesamt durch ihre sehr persönliche Interpretation aus der Menge herausheben. Für ihre Bewohner jedenfalls sind sie der Inbegriff von »home sweet home«. Und wir haben uns bemüht, mit wenigen Worten den Geist dieser Lebens-Räume zu erfassen und zu veranschaulichen, mit welchen Mitteln hier aus einer Wohnung ein echtes, ganz und gar einzigartiges Zuhause geschaffen wurde. Vielleicht werden Ihnen beim Durchblättern ganz andere Details ins Auge fallen als uns. Auf jeden Fall möchte dieses Buch Sie zu eigenen und neuen Ideen ermutigen, damit Sie in Ihrer eigenen Umgebung frisch ans Werk gehen können.

Ob hochherrschaftliches Domizil oder Studentenbude – alle hier abgebildeten Wohnungen wurden von Menschen eingerichtet, die sich mit viel Liebe in ihre Umgebung eingebracht haben und ihre kreativen Ideen und Vorstellungen gern mit Ihnen teilen möchten.

NUREYEV

herrenhausstimmung

wohnung mit rezeption

für fahrradfans

wie am meer

auf dem land

blickfang

praktische dekoration

italienisches fresko

Der Eingang

Dieser Bereich einer Wohnung soll vor allem einladend wirken. Der erste Eindruck ist sehr wichtig, denn er bestimmt, wie der Rest der Wohnung gesehen wird.

Wenn Sie in einem Mietshaus oder einem Mehrfamilienhaus wohnen, haben Sie nicht immer vollen Einfluss auf die Gestaltung des Eingangsbereichs. Aber von Ihrer eigenen Türschwelle an kommt es ganz allein auf Sie an. Egal, ob der Eingang klein oder groß ist – irgend etwas lässt sich immer damit anstellen. Fangen Sie bei der Haustür an. Vielleicht könnte man die Fußmatte etwas öfter wechseln, denn eine saubere und attraktive Matte wirkt einfach einladender. Bringen Sie ein schönes Türschild an oder ein Bild, eine Kinderzeichnung, vielleicht sogar eine Skulptur oder eine Pflanze, die nicht viel Licht braucht. Die Hauptsache ist, dass damit die richtigen Zeichen gesetzt werden. Und denken Sie daran, diese »Ausstellung« öfters zu wechseln, damit sie interessant bleibt. Im eigenen Flur haben Sie freie Hand und damit unendliche Möglichkeiten. Es ist jedoch wichtig, dabei die Funktion, die der Eingangsbereich für die Familie erfüllen soll, nicht aus den Augen zu verlieren.

Ein Vorhang aus Gobelinstoff, Samt oder einem anderen, dicht gewebten Stoff ist ein so praktischer wie dekorativer Raumteiler. Als Aufhängung eignet sich eine an der Decke befestigte Vorhangschiene oder eine Gardinenstange.

Herrenhausstimmung

Ein langer, gerader Gang wirkt oft wesentlich interessanter, wenn er optisch in kleinere Bereiche unterteilt wird. Gardinen, Regale oder zum Beispiel ein paar große Terrakottagefäße sind dafür ideal.

Das Durchschreiten dieses langen Eingangsflurs ist ein kleines Abenteuer. Er erinnert an längst vergangene Zeiten voller geheimnisvoller Korridore, reich ausgestatteter Bibliotheken und vornehmer Salons. So ein Mittelgang mit Türen zu beiden Seiten ist typisch für viele Altbauwohnungen. Er lässt sich meist sehr schwer in das Einrichtungskonzept eingliedern. Hier wurde der lange Schlauch optisch in zwei Bereiche unterteilt. Ein kunstvoll drapierter Vorhang, kombiniert mit schönen alten Kristallleuchtern, die den Raum von verschiedenen Seiten her beleuchten, sorgen für eine fast altertümliche Atmosphäre. Das hohe, antike Bücherregal lädt zum Verweilen ein und verstärkt den Eindruck, dass es sich hier um zwei verschiedene Räume handelt. Das hat zudem den Vorteil, dass so in den anderen Zimmern mehr Wandfläche freibleibt. Tagsüber fällt durch eine offene Tür Licht in das hintere Ende des Korridors. Am Abend übernimmt die Deckenleuchte diese Funktion.

Das kleine Ölbild und die großen Terrakottakrüge beschwören eine leicht gedämpfte klassische Stimmung herauf, die durch eine interessante Stilmischung in den anderen Räumen fortgeführt wird. Wer nicht über Erbstücke verfügt, findet solche Requisiten in Trödelläden und auf Flohmärkten.

In diesem unkonventionellen Flur ist kein Platz für Hut und Mantel, denn er dient als Garage für das wunderschöne Motorrad des Besitzers sowie als »Rezeption« und Arbeitsbereich.

Wohnung mit Rezeption

Flur, Rezeption, Büro – und Garage, denn von hier aus kann man mit dem Motorrad direkt durchstarten!

Wer wenig Platz hat oder einfach nur mit den Konventionen brechen will, kann verschiedene Funktionen in einen Raum zusammenlegen. In dieser relativ kleinen Wohnung wurde ein repräsentativer und nicht allzu privater Arbeitsplatz gebraucht, an dem man sich bequem zu Besprechungen treffen kann. Doch auch das Sommerspielzeug brauchte einen Stellplatz – und so steht die Ducati wie eine moderne Skulptur gleich neben dem gläsernen Schreibtisch. Eine spannende, unkonventionelle und vor allem dynamische Kombination.

Eine stabile, vorgelagerte Fußleiste dient als Fahrradständer.

Das schwarze Fahrrad vor der offenen Holztreppe zeugt von einem gesunden, aktiven Lebensstil.

Für Fahrradfans

Auch in kleinen Fluren kann man ein Fahrrad unterbringen, wenn es nicht allzu schwer ist. Dann ist es immer einsatzbereit.

Ein exklusives, handgefertigtes Rennrad, ein robustes Mountainbike oder ein schönes, altes Hollandrad ist schon für sich genommen ein kleines Kunstwerk. In hohen Räumen kann man es zum Beispiel an zwei Ketten an der Decke oder an einem Wandhalter aufhängen. Das ist besonders praktisch, wenn es keinen Fahrradkeller oder Abstellraum gibt – und es verleiht der Wohnung eine energiegeladene, sportive Atmosphäre.

Wie am Meer

Wenn man am Wasser wohnt oder eine Vorliebe für das Meer hat, sind die frischen Blautöne von Himmel und Wasser eine logische Farbwahl. Sie passen besonders gut zu einer Sammlung von Strandfunden und maritimen Details.

Dieser Flur erinnert an lange Strandspaziergänge, Fischerhütten und Bootshäfen. Hier hat alles Platz, was an das Wasser erinnert: Die gesammelten Strandschätze der Kinder, Modelle von Schiffen und Leuchttürmen oder, wie hier, eine Tapete mit maritimem Postkartenmotiv. Hier herrscht eine Atmosphäre von Sommer, Salzwasser und sonnengebleichtem Haar und man sieht, dass die Bewohner frische Luft, lange Spaziergänge und entspannendes Sommerleben genießen. Die leichtherzig und fröhlich zusammengewürfelten Elemente der Einrichtung lassen darauf schließen, dass hier wenig Wert auf Formalitäten gelegt wird.

Das einzige Möbelstück in diesem winzig kleinen Flur ist ein auf die Seite gelegter und umfunktionierter Kleiderschrank, der von der Eingangstür aus nicht gleich zu sehen ist. Durch den Spiegel über der so geschaffenen Ablage fällt der erste Blick nun auf das maritime Stillleben und macht den Raum zudem optisch größer.

Auf dem Land

Rustikale Fliesenböden und raue Wände sorgen für eine natürliche, ländliche Patina. Dazu passen antike Erbstücke oder Flohmarktfunde besonders gut.

In einem alten Haus auf dem Lande sind grob verputzte Wände oder alte Holzpaneele ein willkommener Bonus. Man kann diesen ländlichen Charme jedoch leicht mit Rauputz und neuen Verschalungen aus altem Holz selbst herstellen. Ein paar dünne Lasurschichten in sanften Erdtönen erinnern an regennassen Kalkanstrich oder an alte Fresken.

Eine Klappbank ist wie geschaffen für einen großen Eingangsbereich. Sie hat nicht nur Charakter, sondern ist auch ein praktisches Sitzmöbel mit viel Extra-Stauraum für Schals, Handschuhe, Fahrradhelme und Krimskrams. In dem kleinen Flur rechts wäre nicht genug Platz für eine Bank, doch hier dient der mit Jute bezogene, weiß gestrichene Rokokosessel als so pittoreske wie nützliche Ablage und Sitzgelegenheit.

Der weiße Anstrich des Rokokosessels wurde anschließend mit Sandpapier geschliffen, sodass das Holz an mehreren Stellen durchscheint. Dann bekam er einen neuen Bezug aus Jute. Die Armlehnen wurden nicht neu bezogen, denn das Polstermaterial aus grauschwarzem Filz passt wunderbar zu dem abgewetzten Charme dieses Möbels. Die Wohnzimmertür steht immer offen, damit der offene Kamin den Flur mit beheizen kann.

Blickfang

Der Eingangsbreich ist oft sehr schwierig zu gestalten. Oft ist der Flur so eng, dass er eher als notwendiges Übel denn als Bestandteil der Wohnung gesehen wird.

So ein kleiner Tisch ist praktisch für kleine Flure. Er dient als Ablage und ist zugleich eine Fläche für wechselnde »Ausstellungen«, z.B. für Blumen, Kerzen und hübschen Krimskrams. In dem Korb werden je nach Jahreszeit Handschuhe und Schals oder Halstücher und dergleichen aufbewahrt. Weiß in Weiß macht kleine Räume optisch größer und luftiger.

Der Eingangsbereich ist vor allem eine Durchgangspassage von einem Ort zum anderen. Während mancher es eilig hat, aus der Tür zu kommen, kann ein anderer es kaum erwarten, wieder zu Hause zu sein. Dabei macht man stets im Flur Station, um Mäntel, Jacken, Schuhe, Stiefel, Taschen und Regenschirme aufzunehmen oder abzuladen. Leider wird man hier sehr leicht »heimblind« und gewöhnt sich so sehr an das allgemeine Chaos, dass man es gar nicht mehr wahrnimmt.

Öffnen Sie einmal Ihre Eingangstür und achten darauf, worauf Ihr erster Blick fällt. Es sollte etwas Schönes sein – vielleicht eine hübsche Pflanze, eine Kerze oder ein interessantes Bild. Sehr kleine Flure werden optisch größer, indem ein geschickt aufgehängter Spiegel einen – möglichst attraktiven – Teil der Wohnung reflektiert. Schön ist auch ein Möbelstück, auf dem man je nach Lust oder Jahreszeit wechselnde Stillleben arrangieren kann.

Dabei kann man fröhlich zwischen den Stilrichtungen wechseln – einmal ganz salopp, ein andermal streng formell, damit keine Langeweile aufkommt.

Direkt an der Wohnungstür hängt ein Brett mit Kleiderhaken – so ist die Garderobe beim Eintreten nicht zu sehen und der Blick fällt auf einen hellen, freundlichen Eingangsbereich. Entlang des Treppenaufgangs wurden auf Knöchelhöhe Kerzenhalter an die Wand montiert.

Selbst im allerkleinsten Flur ist auf dem frisch gewischten Fußboden noch Platz für ein freches kleines Stillleben.

Die Füllung der Eingangstür wurde mit schwarzer Tafelfarbe gestrichen. So können wichtige Nachrichten – oder, wie hier, glühende Liebeserklärungen – ganz bestimmt nicht übersehen werden!

Wichtig ist die zündende Idee – das Material selbst ist dabei im Grunde zweitrangig.

Hier besteht die Garderobe aus einem einfachen, mit Stahldraht an der Decke aufgehängten Wasserrohr. Das attraktivste und bunteste Kleindungsstück hängt immer ganz vorn.

Praktische Dekoration

In dekorativen Tüten und Täschchen an den Garderobenhaken finden all die Dinge Platz, die sonst leicht im Chaos verloren gehen, zum Beispiel Schlüssel, Handschuhe, MP3-Player, Kleingeld und Lippenstift. Diese bunten Filztüten hängen auch im Museum of Modern Art in New York – aber was sich dort in ihnen verbirgt, wissen wir leider nicht.

Selbst der kleinste Flur wird nie langweilig werden, wenn Sie dekorative Handtaschen, Hüte und Jacken als natürliche Bestandteile eines ständig wechselnden Stilllebens betrachten und sie gut sichtbar arrangieren.

Peppen Sie einen anonymen Eingangsbereich auf, indem Sie ein Brett mit Garderobenhaken anbringen und Ihre Lieblingsstücke darauf drapieren. Auch eine interessante Tapete oder ein zweifarbiger Anstrich in breiten Streifen kann Wunder wirken.

Italienisches Fresko

Romantische Blumengirlanden und fliegende Schwalben – eine wunderschöne, individuelle, moderne Variante einer jahrhundertealten Technik!

Im Mittelalter war die Freskomalerei ein beschwerliches Unterfangen, denn das Motiv wurde Abschnitt für Abschnitt auf den noch feuchten Putz aufgetragen. Das Endergebnis allerdings war so dauerhaft und widerstandsfähig, dass man die Technik auch für Badezimmer und Küchen verwenden konnte. Berühmt geworden ist diese Malerei allerdings durch die prachtvollen Treppenaufgänge und Fassaden Südeuropas. Hierzulande findet man Fresken zuweilen noch in Schlössern und Herrenhäusern. Mit dieser vereinfachten Methode können Sie Ihre Wohnung höchstselbst mit einem stilvollen »Fresko« dekorieren!

Sie brauchen dafür::

- *Weiße Wandfarbe auf Wasserbasis*
- *Kreppband und Plastikfolie zur Abdeckung*
- *Wandfarbe auf Wasserbasis in Kobaltblau*
- *Acrylfarbe (aus der Tube): Schwarz für die Umrisse, Olivgrün für Blätter und Umrandung, Flaschengrün für die Blätter, Violett für die Blüten sowie verschiedene Grauschattierungen für Schwalben und Umrisslinien (mischen Sie dafür Schwarz und Weiß).*
- *Auf den Folgeseiten sehen Sie, wie es gemacht wird.*

Blumenranken, grünes Laub und fliegende Schwalben auf der regennassen Wand:

Zuerst die gesamte Wand deckend mit weißer Wandfarbe streichen.

Dann eine dünne Schicht Kobaltblau mit einem Schwamm auftragen, der immer wieder in Wasser getaucht wird, sodass die blaue Lasur wirklich nur hauchdünn wird. Für den »Regeneffekt« wird die Lasur stets in senkrechten Bewegungen aufgetragen.

Die Farbe gründlich trocknen lassen. Nun die Farbflächen planen und entsprechend mit Kreppband markieren. Die Fläche für das Fresko gründlich mit Kreppband und Plastikfolie abkleben.

Die dunklen Farbbereiche mit unverdünnter kobaltblauer Farbe streichen. Soll der Farbauftrag deckend sein, nehmen Sie eine Schaumstoffrolle. Für einen malerischen Effekt, bei dem der Hintergrund gelegentlich durchscheint, einen breiten Borstenpinsel verwenden.

Ganz zum Schluss das Motiv und die Umrisslinien vorsichtig mit Sandpapier abreiben – dadurch bekommt das Kunstwerk erst die richtige Patina. Je mehr Sie dabei abreiben, desto »älter« wirkt das Fresko und desto weniger akkurat muss die Vorarbeit sein...

Die Umrisslinien in verschiedenen Pastelltönen, hier in zwei Grautönen und Olivgrün, geben dem Fresko Tiefe und Perspektive. Sie werden mit einem dünnen Pinsel aufgetragen. Nehmen Sie dafür ruhig Lineal und Holzleiste zu Hilfe.

Zuerst die Zweige, dann Blätter, Blüten und Schwalben so locker wie möglich mit einem weichen Bleistift vorzeichnen und wie in einem Malbuch ausmalen.

luftiger und stilvoller Tummelplatz
elegante mischung
femininer kunstsalon
hühnerleiter
in den kuschelhimmel
wohlfühl-platz
sommerstimmung
mit sahneeis
ganz relaxed
hoch auf der alm
wind und meer
rund ums klavier
red hot chili
ton in ton

Das Wohnzimmer

Das Wohnzimmer ist ein Ort der Gemeinschaft, an dem wir spielen, uns unterhalten, lesen, stricken, einen schönen Film genießen, fernsehen oder Musik hören. Hier trinken wir nachmittags gemütlich Kaffee oder Tee und hier werden auch die Feste gefeiert. Daher sollte dieser Raum so zwanglos und wohnlich wie möglich sein. Denn was nützt die schickste und eleganteste Einrichtung, wenn man sich nicht traut, sie auch zu »bewohnen«?

Ein luftiger und stilvoller Tummelplatz

Eine in hellen Farben gehaltene, minimalistische Einrichtung wirkt schnell kalt und leblos. Mit ein paar warmen Erdtönen kombiniert wird daraus ein lichtdurchflutetes, einladendes Zuhause.

Fernöstliche Rottöne und ein paar liebevoll ausgewählte Details bringen Leben und Energie in diese helle und geräumige Wohnung. Hier hat man trotz der sehr sparsamen Möblierung sogleich Lust, es sich auf den Sofas bequem zu machen.

Das einzige, überdimensionale Gemälde an der Wand zieht sofort alle Aufmerksamkeit auf sich, da durch die minimalistische Einrichtung keinerlei Wandfläche von Schränken oder Bücherregalen beansprucht wird. So wirkt die Wohnung noch größer, als sie ohnehin schon ist. Um den schönen Erker besonders hervorzuheben, wurde ganz auf Gardinen verzichtet. Hauchdünne, rostrote Seidensaris über den Türflügeln bauschen sich leicht mit jedem Luftzug. Sie bringen Bewegung, Wärme und einen Hauch von Exotik in eine Umgebung, die sonst allzu starr und kalt wirken würde. Farbe und Ausdruck des riesigen Zen-Gemäldes verändern sich im wechselnden Licht des Tageslaufs und sorgen dadurch für zusätzliche Dynamik.

Achten Sie darauf, wie sich der Lichteinfall im Laufe des Tages verändert. Was liegt im Licht, was im Schatten, welche Farbtöne werden besonders hervorgehoben? Der Charakter des Raumes verändert sich mit dem Lauf der Sonne ganz allmählich und fast unmerklich.

UNDERWEAR
DANISH-ENGLISH
ENGLISH-DANISH
DICTIONARY

vanille und
kinderträume
zusammengewürfelt
höhlen aus decken
plüschtiere und
brettspiele
mokkatöne und
sammlerspaß

Elegante Mischung

Hier liegt das Geheimnis in der konsequenten Farbwahl. Mit ein wenig Fantasie wird so aus einer wilden Mischung von Möbeln und Accessoires ein elegantes und feminines Wohnzimmer.

Um eine Wohnung kreativ einzurichten, braucht man keine teuren Antiquitäten oder Designermöbel. Mit Kissenbezügen, Decken und Überwürfen aus demselben Stoff kann man einen regelrechten Wirrwarr aus Stilmischungen zu einem homogenen Ganzen vereinen – zum Beispiel, wie hier, mit spitzenbesetzten Laken vom Flohmarkt. Am allerbesten kommt so ein Ensemble aus zusammengewürfelten Fundstücken in einer Wohnung mit frisch gestrichenen Wänden und Fußböden zur Geltung.

Man braucht gar nicht viel Geld auszugeben – mit etwas Glück und dem richtigen Blick findet man beim Trödler um die Ecke oder auf dem Flohmarkt regelrechte kleine Kostbarkeiten.

Die »modernen Kunstwerke« in Form von monochromen Leinwänden sind in der Farbpalette der Einrichtung gehalten. Ein heller Raum ist der ideale Hintergrund für eine wechselnde Ausstellung von allerlei Nippes und schönen Dingen. Hält man sich dabei streng an eine bestimmte Farbzusammenstellung, so wird der Raum nie unruhig wirken und selbst das wildeste Sammelsurium von Sammlerstücken fügt sich zu einem harmonischen Ganzen zusammen. Trotz der pastelligen Eleganz dieser Einrichtung hat man den Eindruck, als sei hier endlich ein Kindertraum wahr geworden – in so einem geräumigen Spielzimmer möchte man nach Herzenslust Kissenburgen und Höhlen aus Stühlen und Decken bauen.

Hier kommt die Sammelleidenschaft durch die Kombination von Möbeln aus allen Zeiten und Stilrichtungen mit Monochrom-Leinwänden auf weißen Wänden charmant zum Ausdruck. Und wer sagt eigentlich, dass man ein großer Maler sein muss, um moderne Kunst zu schaffen?

Ein femininer Kunstsalon

Die klassischen Proportionen dieses Raumes sind wie geschaffen für große Gesellschaften. Die Möbel sind jedoch so geschickt gestellt, dass man sich hier auch wohlfühlt, wenn man nur zu wenigen oder ganz allein ist.

Zu den »Salons« im Paris des 19. Jahrhunderts traf sich alles, was in der Welt der Kunst und der Politik Rang und Namen hatte, in den prächtigen, extra dafür vorgesehenen Gesellschaftszimmern der Elite. Hier wurden Lesungen und Konzerte abgehalten und man diskutierte und philosophierte bei Tee, Champagner und Petit Fours.

Sollen sich bei großen Gesellschaften auch kleine Gruppen wohlfühlen, ohne dass dabei das allgemeine Zusammengehörigkeitsgefühl verloren geht, braucht man vor allem viel Bewegungsfreiheit. Die Möbel müssen nicht alle im selben Stil sein, aber möglichst Charakter haben. Jedes einzelne sollte sozusagen eine Geschichte erzählen können, die ebenso individuell und spannend ist wie die Menschen, die sich in diesem Raum treffen. Schön ist es, wenn man die Sitzmöbel schnell und einfach zu kleineren Gruppen zusammenstellen kann. Sie sollten dabei jedoch stets auf ein gemeinsames Zentrum ausgerichtet bleiben.

Inspiration für die Einrichtung dieses Salons war der englische Jugendstilmaler Alma-Tadema mit seinen romantisierenden Szenen aus dem alten Rom. Sie können sich natürlich ein ganz anderes Thema suchen, zum Beispiel einen Bildband über Kunst, einen Film oder die Erinnerungen von Ihrer letzten Reise. Wenn man die Augen offen hält, findet man überall Anregungen. Halten Sie am Besten stets Papier und Bleistift bereit, damit Sie sich sofort notieren können, wenn Sie von dem »gewissen Etwas« einer Situation oder eines Gegenstands angezogen werden.

Gefüllte Pfingstrosen, ein Stuhl mit Kalligrafie-Bezug, ein Anschlagbrett voller Bilder, Ideen und Funden für die nächste Kollektion – kleine Details, die sich zu einem spannenden Ganzen zusammenfügen.

Kerzenhalter, Gardinenstangen und Kronleuchter sind vergoldet. Die überlangen, leichten Gardinen liegen wie eine Brautschleppe auf dem Holzparkett. Es herrscht eine Atmosphäre von Leichtigkeit, Romantik und Eleganz.

Kunst und Mode sind hier Thema Nummer Eins. Überall liegen Kunstbände herum und das Notizbrett hängt voller Ideen und Anregungen.

Schwarzweiße Kunstdrucke bringen Ruhe in den Raum, der vor kreativen Einfällen geradezu überquillt. Der schlichte, aus altem Holz zusammengezimmerte Sofatisch auf Rollen steht im krassen Kontrast zu den femininen, hellen Sitzmöbeln, die zum Teil mit weißen Hussen »aufgefrischt« wurden.

Hühnerleiter in den Kuschelhimmel

Helle, freundliche Naturtöne, besonders solche, die an Strandkiesel und Muschelschalen erinnern, sind das Grundmotiv dieser Einrichtung.

Genau so, wie unsere Lieblingsmusik gewissermaßen zum Leitthema unseres Lebens wird, ist die Einrichtung die Kulisse unseres Alltags. Eine fröhliche, helle Einrichtung macht gute Laune, während eine triste, gedankenlos zusammengewürfelte Umgebung uns herunterzieht.

So ein leichtherziger Stil ist für eine Familie mit Kindern besonders gut geeignet. Schwungvolle Linien und Motive aus der Schatzkammer der Natur wurden hier zum Grundmotiv.

Von langen Spaziergängen am Strand wurden allerlei Fundstücke mitgebracht, deren Farben bei der Auswahl von Möbeln und Kunstwerken als Anregung dienten.

Die hohen, offenen Räume wurden besonders mit Rücksicht auf die Kinder gestaltet und tragen trotz allem dem Bedürfnis der Erwachsenen nach einer stilvollen Umgebung Rechnung. Das große Gemälde in erdigen Farbtönen bildet die optische Brücke zwischen den weißen Wänden und dem Naturholzfußboden.

Große, weiche Bodenkissen sind wie geschaffen für allerlei Kinderspiele.

Oben an der Decke schwebt ein altmodisches Modellflugzeug, von dem man nicht recht weiß, ob es eigentlich den Kindern oder den Eltern gehört.

Ein Wohlfühl-Platz

Ein elegantes Wohnzimmer wird durch ein paar locker eingestreute, unerwartete Kontraste nur umso interessanter. Wenn bei der Einrichtung die unterschiedlichen Interessen der einzelnen Familienmitglieder berücksichtig wurden, kann man sicher gehen, dass sich hier auch die Gäste wohlfühlen werden.

Elegante und rustikale Stücke aller Stilrichtungen, mit lockerer Hand kombiniert, geben dieser Wohnung den besonderen Charme.

Weiße Sofas sind zwar sehr schön, wirken aber auf viele Leute abschreckend. Wenn auf den weichen, weißen Kissen auch Kinder herumtollen, müssen sie leicht abnehmbar und vor allem waschbar sein. Kunst und hochaktuelles Design sind zwar gut und schön, aber für ein echtes Wohlfühl-Zimmer wirklich nicht notwendig. Dies ist ein ganz persönlicher Raum und daher der richtige Ort für die liebsten Reiseandenken – und für »bruchsichere« Kunstwerke.

Der schwarz gelackte Sofatisch und das glänzende Silber bilden einen angenehmen Kontrast zu dem alten Holzfußboden. Cremeweiße Wände bringen die schneeweißen Sofabezüge erst richtig zum Leuchten. Ein großer, an die Wand gelehnter Spiegel und asymmetrisch aufgehängte Bilder in verschieden farbigen Rahmen sorgen für eine zwanglose Atmosphäre. Wenn sich darunter auch Fotos Ihrer Lieben befinden, fühlen sich die Gäste wie »im Kreise der Familie« aufgenommen. Für überraschende Farbtupfer in der überwiegend schwarzweiß gehaltenen Umgebung sorgen ein paar Souvenirs aus exotischen Ländern.

Zum Selbermachen:
Manchmal muss man jahrelang nach dem richtigen Sofatisch suchen. Bis dahin kann man sich mit einem alten Esstisch in den richtigen Dimensionen behelfen, dessen Beine einfach auf die passende Höhe abgesägt werden. Ist die Tischfläche zu glatt oder zu langweilig, nageln Sie einfach eine neue aus alten Brettern obendrauf. Wenn kein antikes Holz zu finden ist, tun es auch die Bretter aus einer Europalette – je älter, desto besser. Schleifen Sie Splitter und raue Stellen leicht ab – aber nicht allzu gründlich, denn es kommt ja schließlich auf die kleinen Unebenheiten an – und streichen die fertige Tischplatte nach Geschmack mit Lackfarbe oder Holzlasur.

Sommerstimmung mit Sahneeis

Ob Nostalgie, Retro oder Antik – der Stil bekommt alle paar Jahre einen neuen Namen, doch im Großen und Ganzen bleibt er sich doch treu.

Achten Sie trotz allem darauf, dass Ihre nostalgische Einrichtung nicht in ein Heimatmuseum ausartet!

Bei diesem Stil denken wir immer noch an die »gute alte Zeit« – an Sommersonne und Mädchen in weißen Kleidern, die auf der Wiese herumtollen und Blumen pflücken oder an Jungen, die im Wasser herumplantschen und sich die Taschen mit Kieseln füllen. Oder an cremiges Sahneeis, so, wie man es heute einfach nicht mehr kaufen kann und an den Geruch von Ölfarbe, wenn Zäune und Gartenmöbel alljährlich neu gestrichen wurden.

Genau das ist die Stimmung, auf die es hier ankommt, auch, wenn sich höchstens noch die Großeltern an eine solche Zeit erinnern. Damals richteten sich die reichen Leute gern mit kostbaren Importen aus fernen Ländern ein. Die einfachen Leute konnten sich so etwas natürlich nicht leisten und mussten sich mit Farbe und Fantasie behelfen, damit Möbel aus schlichtem Fichtenholz erglänzten wie Marmor und Mahagoni.

Der Holzfußboden bekam eine kunstvolle Bemalung, sodass er Marmorfliesen glich und einfacher Putz verwandelte sich in Kalkstein oder kunstvolle Fresken. Vielleicht ist es gerade diese Andeutung von Wohlstand, durch die uns der Nostalgie-Stil so ein wohliges Gefühl von Geborgenheit verleiht – beinahe, als hätte die Wohnung eine eigene »Seele«.

Sesselbezüge und Kissen mit Matratzenstreifen gehören zu diesem Stil einfach dazu, egal, ob von Ralph Lauren oder vom Flohmarkt. Wie immer, liegt auch hier die Kunst in der Beschränkung – allzu viele Muster und Decken wirken leicht unruhig und überladen.

Sommer, Sonne und Sippentreffen – ein Echo aus Großmutters Zeiten, wo die Ferien mit Abenteuerspielen an der frischen Luft und mit guten Büchern verbracht wurden…

CHARLESTON

Ganz relaxed

Entspannung auf Amerikanisch: Hochwertige Klassiker funktionieren am allerbesten in einem lässigen Stilmix – mit gerade so viel Beiwerk, dass das Ganze wohnlich wirkt.

Möbelklassiker können verschiedene Funktionen erfüllen. Für manchen zum Beispiel sind sie Investitionsobjekte. Dann handelt es sich meist um fabrikneue Exemplare, die sorgfältig geschont werden, denn selbst kleine Schäden sind schließlich wertmindernd. Andere schätzen gerade diese kleinen Risse und Kratzer. Gebrauchte Stücke lassen sich so nahtlos in die Wohnung einpassen, dass es aussieht, als wären sie schon immer dagewesen. Selbst, wenn solche zwanglosen Wohnungen den Eindruck erwecken, als hätten sie sich wie zufällig ergeben, sind sie meist das Ergebnis lange, geduldiger Suche auf Flohmärkten, Auktionen und auf jeden Fall im Internet.
Vielleicht fangen Sie am Ende Feuer und werden selbst zum Zwischenhändler, indem Sie Ihre Funde so lange weiter verkaufen – mit etwas Geschick sogar mit Verdienst – bis Sie endlich das perfekte Stück gefunden haben. Das Schöne an gebrauchten Dingen ist außerdem, dass diese oft eine interessante Geschichte im Schlepptau haben.

Wenn Sie Ihre Traummöbel endlich gefunden haben, stellt sich die Frage, wie man damit so eine zwanglose »New Yorker Loft«-Atmosphäre schafft. Die Lösung liegt auch hier, wie immer, im Detail. Verbinden Sie zum Beispiel Sitzmöbel und -bereiche optisch durch locker »hingeworfene« Fellteppiche – zum Beispiel Rind, Zebra oder Eisbär. Achten Sie darauf, dass das Arrangement nicht zu schnurgerade ausfällt. Bilder werden in zwangloser Anordnung direkt auf den Boden gestellt, anstatt sie an die Wand zu hängen – das hat zudem den Vorteil, dass man die »Ausstellung« mit ein paar Handgriffen wechseln kann. Zu einer zwanglosen Atmosphäre gehört jedoch auch der zwanglose (jedoch nicht achtlose!) Umgang mit dem Mobiliar – selbst, wenn es von Arne Jacobsen, Mies van der Rohe oder Piet Hein ist. Echte Designerstücke sind übrigens meist belastbarer und von besserer Qualität als Durchschnittsmöbel, denn das ist sich der Name schließlich schuldig.

Die gerahmten Bilder stehen wie zufällig an die Wand gelehnt, doch das ist so gewollt. Hier geben Schwarzweiß-Fotos von Rockstars aus den 70er-Jahren – Mick Jagger, Bono und die Beatles – optisch den Ton an.

Die Leselampe ist nicht nur ein Zweckgegenstand, sondern zugleich Kunstobjekt, denn es handelt sich dabei um Ralph Laurens Neuinterpretation einer klassischen Krankenhausleuchte.

Hoch auf der Alp

Wer einmal in den exklusiven Wintersporthotels in den Alpen, in Aspen, Colorado oder in den Adirondacks (der Spielwiese der New Yorker Elite des späten 19. Jahrhunderts) abgestiegen ist, fragt sich unwillkürlich: »Warum wohne ich eigentlich nicht auch so?«

Die Antwort wird sehr wahrscheinlich lauten: »Weil ich nicht in einem Holzhaus wohne«. Doch das ist heute keine Ausrede mehr, denn inzwischen gibt es Holzverschalungen zu kaufen, mit denen sich selbst Mietwohnungen in Blockhütten verwandeln lassen. Um die gewünschte Atmosphäre anzudeuten, genügt es jedoch bereits, eine einzige Wand zu verschalen. Das Holz in den echten alten Wintersporthotels hat sich im Laufe der Jahre dunkel gefärbt. Neue Holzwände bekommen mit dunkler Holzlasur die richtige Patina. Wenn sie anschließend lackiert werden, lässt sich der Staub, der sich unvermeidlich oben auf den Balken sammelt, leichter entfernen. Glücklich ist, wer bereits in einem echten Blockhaus wohnt!

Auch das Holz der Möbel sollte dunkel sein. Die Auswahl hängt natürlich vom Portemonnaie ab – es müssen durchaus keine »echten« Möbel sein, aber sie sollten zumindest alt aussehen. Eine zwanglose Atmosphäre ist wichtig – denn wer würde schon gern einen Becher mit heißem Kakao auf einem wertvollen antiken Sideboard abstellen? Alles, was nicht aus Holz oder Naturmaterialien besteht, sollte so hell wie möglich sein. Schneeweiße Putzwände, Sofabezüge und Lampenschirme sorgen für einen lebendigen und frischen Kontrast. Besonders schön ist es, wenn der Raum noch über einen offenen Kamin verfügt – der natürlich mit einem Hirschgeweih oder einem Elchskopf gekrönt ganz besonders stilecht wirkt. In so einem »home sweet home« kann man sich am Ende eines langen, im Schnee, auf dem Schlitten (oder, wahrscheinlicher, im Büro) verbrachten Tages mit dem Lieblingsdrink in der Hand in den Sessel fallen und die Welt Welt sein lassen.

Kamine kann man übrigens in großer Auswahl als Bausatz kaufen. Die Ummantelung besteht hier aus flachen Natursteinen, die mit Fliesenkleber direkt auf den Kamin geklebt und anschließend verputzt wurden.

Dunkles Holz, weiße Sofas und ein knisterndes Kaminfeuer – es ist Winterzeit in der Blockhütte.

Segelboote, schäumende Gischt und ziehende Wolken – holen Sie sich Ihre Inspiration direkt aus der Natur, dann wirkt die Einrichtung frisch und sommerlich.

Wind und Meer

Tauwerk und Strandroggen, windverwehte Dünen und stolze Segelboote in der glitzernden Sonne – und ein Häuschen am Strand, nur ein paar Schritte von dem kleinen Fischerdörfchen entfernt. Nur ein Traum? Vielleicht – aber Sie können auch in Ihrer Wohnung mit wenigen Mitteln eine sommerliche Strandstimmung schaffen.

Dies ist die Sommerversion der Wohnung auf der vorhergehenden Doppelseite. In der warmen Jahreszeit wird sozusagen aus dem Alpenchalet eine Kapitänskajüte in einem alten Viermaster. Die weißen Flächen erinnern an Segeltuch, sprühende Gischt und Sommerwolken. Die Accessoires sind allesamt maritim: ein Leuchtturm und Modellschiffe, Sturmlaternen, Windlichter, Muscheln und hübsche Strandkiesel in »sonnengebleichten« Farbtönen.

Der Blumenschmuck sollte ebenfalls an den Strand erinnern. Und wenn Ihnen dabei nur Strandquecke einfällt, dann machen Sie doch einmal einen Spaziergang, fernab von den reinen Sandstränden der Kurorte. Gehen Sie einmal im Grenzgebiet zwischen Wasser und Land auf Entdeckungsreise – sie werden staunen, wie viele verschiedenartige Sukkulenten und Wildpflanzen mit zartfarbigen Blüten dort wachsen. Und stellen Sie den Liegestuhl mit dem fröhlichen Streifenmuster ruhig mit an den Wohnzimmertisch.

Liegestühle, Windlichter aus sandgestrahltem Glas und blau-weiß gestreifte Gardinen, die mit Messingklüsen vom Schiffsausrüster zusammengehalten werden – wenn das Haus nicht am Strand liegt, muss der Strand eben ins Haus kommen.

Fernseher und CD-Spieler sind im Eckschrank untergebracht. Das lästige Kabelwerk versteckt sich hinter den Büchern.

Ein ganz privates Universum für Klaviersonaten und große Kompositionen. Für einen Hauch Poesie sorgt das mit feinen schwarzen Buchstaben auf den Kissenbezug gemalte Gedicht.

Zum Selbermachen:
Dekorieren Sie Ihre Wohnung mit Schriftzeichen nach japanischem Vorbild. Schreiben Sie direkt auf die Wand oder, wie hier, auf einen großen weißen Kissenbezug. Wer es gestochen scharf haben möchte, nimmt eine Schablone zu Hilfe. Lockerer und kreativer wirkt es, wenn die Buchstaben mit freier Hand gemalt werden. Ein mit einem selbst verfassten Gedicht beschriftetes Kissen ist ein wunderbar persönliches Geschenk.

Rund ums Klavier

In dieser winzig kleinen Wohnung voller Romantik und Poesie ist trotzdem reichlich Platz zum Schlafen, Wohnen, Musizieren, Essen und Arbeiten. Das liegt daran, dass fast jedes Möbelstück mehrere Funktionen hat.

Wenn man jung ist, hat man oft viele Eisen im Feuer. Da ist es gut, wenn man beizeiten lernt, viele Funktionen harmonisch unter einem Dach zu vereinen. Hier wurde das Problem sozusagen mit femininer Grazie und japanischer Selbstkontrolle gelöst. Die Bewohnerin hat einen Sinn für Ordnung, gute Ideen für die Unterbringung ihrer Siebensachen – und multifunktionale Möbel.

Das Schreibpult ist eigentlich eine Arbeitsbank für Goldschmiede, das Bett dient tagsüber als Sofa und, zusammen mit einem roten Lehnsessel im Retrostil, als Wohnzimmerecke. Freigeräumt wird der Arbeitstisch zum Esstisch für drei Personen. Wer Glück hat, bekommt zum Nachtisch ein Klavierkonzert.

In einer hellen Umgebung wirkt jedes Möbelstück schon für sich allein. Daher kommt es besonders auf die sorgfältige Auswahl an. Durch die Kombination von wenigen Möbeln mit ebenso wenigen Farbtönen wird daraus ein beinahe surrealistisches Ganzes, das besonders durch die Wahl von Schwarz, Weiß, Rot und Naturtönen an Japan erinnert. Da die Dekoration nicht über die ganze Wohnung verteilt ist, sondern in kleinen Gruppen zusammengefasst wurde, herrscht hier immer noch ein Gesamteindruck von Ruhe und Ordnung. Wer will, kann noch zusätzlich verschiedene Schriften und Zeichen dekorativ einsetzen.

Red Hot Chili Country

Country-Stil im Handumdrehen? Nichts leichter als das!

Oben auf der Vitrine hat die Hutsammlung ihren dekorativen Platz.

Eine lange Leiter führt hinauf auf den Zwischenboden, der als Gästeschlafzimmer dient.

Ebenso temperamentvoll wie das leuchtende Rot der Sofabezüge wirkt die wunderbare Holzskulptur des schnaubenden Stiers, ein Mitbringsel von einer Reise.

Der moderner Landhausstil mit seinen klaren Linien hat nichts mit plüschigen Sofakissen, Rosengardinen mit schwülstigen Schleifen und Blümchentassen vergangener Generationen gemein!

Man kann dem Country-Stil in jedem Alter regelrecht verfallen. Daher empfiehlt es sich, die Wohnung von Zeit zu Zeit genau zu betrachten und von allem Überflüssigen zu befreien, damit man nicht das Gefühl hat, in einem Heimatmuseum zu leben.

Eine ländliche Atmosphäre ist vor allem rustikal. Grob verputzte Wände, nacktes Mauerwerk und stabile, gediegene Möbel sind dafür wie geschaffen. Dazu passen kräftige Farben, so wie hier das leuchtende Chilirot der Sofas. Hier stehen Bücher, Geschirr und all der Nippes, der sonst typisch für den Country-Stil ist, in einer riesigen Glasvitrine. Die Hut- und Sparbüchsensammlungen der Besitzer finden vergleichsweise diskret oben auf der Vitrine sowie auf einem schmalen Regal im Küchenbereich Platz. Die Beleuchtung in Wohn- und Küchenbereich befindet sich jeweils auf derselben Höhe. An allen vier Seiten des frei stehenden Ziegelschornsteins sind moderne Spots angebracht, die am Abend für stimmungsvolle Beleuchtung sorgen. Direkt neben dem Schornstein steht ein großer Bleiwurz, der die harte Ziegelfront mit seinen feinen Blätterranken und blass blauen Blüten etwas auflockert.

Ton in Ton im Untergrund

Bei Kellerwohnungen denkt man sofort an triste, dunkle Löcher – doch diese Klippe kann man mit den richtigen Ideen leicht umschiffen.

Die allererste Wohnung wird meist mit allerhand zusammengesuchten Möbeln eingerichtet – aus dem eigenen Jugendzimmer, vom Speicher oder aus zweiter Hand von Freunden und Verwandten.

Das erste Heim ist meist zugleich auch der erste Versuch, einen ganz eigenen Stil zu entwickeln. Da ist es ganz normal, wenn die Einrichtung eher zusammengewürfelt wirkt. In dem Maße, in dem wir uns weiterentwickeln, neue Interessen finden und mehr Geld verdienen, wird sich auch unser Heim allmählich verändern. Und nach und nach beginnen wir, unsere Traummöbel anzuschaffen. Sofern man sich dabei stets an ein paar bewährte Lieblingsfarben hält, macht es nichts, wenn dabei alle möglichen Stilarten durcheinander geworfen werden – ganz im Gegenteil: Das macht die Sache erst richtig interessant!

Im Laufe der Jahre kann man den eigenen Stil allmählich »veredeln«. Hier geben ein paar feine Stücke den Ton an. Das Arne Jacobsen-Ei in kräftigem Orange befindet sich in bester Gesellschaft mit dem Schaukelstuhl und dem Sofatisch, beide von Charles Eames nach dem Vorbild des Eiffelturms entworfen. Der »aufgemöbelte« Schrank vom Trödler passt erstaunlich gut zu dieser illustren Gesellschaft.

Ein fröhlicher Stilmix ist besonders für die erste eigene Wohnung diw richtige Wahl. Man braucht nun einmal ein wenig Zeit, bis man seinen Platz in der Welt und damit seinen ganz persönlichen Ausdruck gefunden hat.

Vorbild für die Einrichtung dieser Kellerwohnung sind New Yorker Farbriketagen, in denen Wohn-, Schlaf- und Essbereich und Küche sich zumeist in einem einzigen großen Raum befinden. Bei soviel optischer Offenheit ist eine gut abgestimmte Farbpalette besonders wichtig. Hier dominieren Schwarz, Weiß und Orange mit ein paar türkisen Farbklecksen – eine diskrete und eigenwillige Kombination, auf der man gut aufbauen kann.

gut und praktisch
ganz offen
rustikal und edelstahl
viva italia
englisches landcafe
mit vollen segeln
fröhlich und beschwingt
mit wenigen mitteln
kosmopolitische balance
rock'n'roll
gegensätze ziehen sich an

Die Küche

Heute verbringen wir wesentlich weniger Zeit zu Hause als früher. Die gesamte Familie kommt eigentlich nur noch zu den Essenszeiten zusammen. Da ist eine ebenso wohnliche wie zweckmäßige Küche ganz besonders wichtig. Viele Menschen fühlen sich von den Reklamekampagnen großer Hersteller magisch angezogen, in denen Küchen ausgelobt werden, die einem Sterne-Koch alle Ehre machen würden. Seltsamerweise wird in den meisten Werbespots jedoch nicht mal ein Spiegelei zubereitet. Seien wir ehrlich: Es kommt auch in der Küche nicht auf die Größe an! Große Schränke werden leicht zu Verstecken für all die vielen Geräte, die wir am Ende doch nie verwenden. Und wo bleibt dabei eigentlich die persönliche Note? Denken Sie beim Einrichten der Küche an ein paar Oberschränke mit offenen Regalen oder Glastüren. Schaffen Sie praktische, aber dabei möglichst attraktive Küchengerätschaften an und bewahren diese so auf, dass sie stets gut sichtbar und zur Hand sind. Dann wirkt die Küche nicht nur wohnlich, sondern auch bewohnt. Denn letztendlich geht es an diesem Ort ja um unser leibliches Wohl.

Gut und Praktisch

Praktisch ist einfach immer gut. Besonders hier, wo die vielen Küchengeräte von Anfang an als wichtiger Bestandteil der Einrichtung betrachtet wurden.

In dieser Küche ist das Zubereiten von Essen nicht Pflicht, sondern Passion. Geräte und Hilfsmittel wurden mit einem sicheren Stilgefühl ausgewählt, doch das oberste Kriterium war dabei deren Funktionalität.

Qualität und Design kosten leider ein wenig mehr. Ein Küchengerät ist eine Investition, an der Sie viele Jahre lang Freude haben – oder über die Sie sich jahrelang ärgern. Formschöne Geräte sind schon für sich genommen kleine Kunstwerke und das Kochen auf einem hochwertigen Herd trägt wesentlich zum Genuss der Mahlzeiten bei. Hässliche Küchenmaschinen sind häufig auch von geringer Qualität. Solche Geräte benutzt man nur ungern, sodass sie entweder irgendwo im Schrank verstauben oder wertvolle Arbeitsfläche wegnehmen.

Der mit glänzenden Mosaikfliesen ausgelegte Essbereich steht im dekorativen Kontrast zum Betonboden der restlichen Küche. Der Beton wurde mit einer widerstandsfähigen grauen Spezial-Bodenfarbe gestrichen. Der riesige amerikanische Kühl-Gefrierschrank aus Edelstahl dominiert eine Seitenwand. Manche Modelle haben besondere Abteilungen für Bier und Brausegetränke, andere speziell temperierte Fächer für Weißwein, Obst und Gemüse. Bei den meisten befindet sich außen auch ein praktischer Wasser- und Eiswürfelspender.

Die Wand hinter Herd und Arbeitsbereich ist mit türkisblauem Glas geschützt. Die Kabel der Arbeitsgeräte verlaufen alle in einer Rinne direkt an der Wand – das ist nicht nur praktisch, sondern sieht auch besser aus.

Die frei stehende Theke mit Barhockern ist ein prima Platz für Schwätzchen bei einer Tasse Kaffee oder einem Glas Wein und für kleine Mahlzeiten.

Ganz offen

Selbst in modernen Küchen kann man den Charme alter Zeiten mit relativ einfachen Mitteln heraufbeschwören. Denken Sie jedoch daran, die Arbeitshöhe modernen Bedürfnissen anzupassen.

Anno dazumal gehörte in den Patrizierhäusern noch die Köchin zum Haushalt. Die Küche wurde auf den Platz zusammengedrängt, der übrig blieb, nachdem die Herrschaft ihre Wünsche und Bedürfnisse erfüllt hatte. Wer heute in so einer Wohnung lebt, kann davon ein Lied singen, denn die Küche ist oft ein enger, geradezu abenteuerlich verwinkelter Raum. Da hat man bei einer Renovierung zwei Möglichkeiten: Entweder man zieht den Experten zu Rate, der den Problembereich in mühevoller Maßarbeit in einen kulinarischen Tempel verwandelt – oder man macht das Beste aus dem schiefen Charme der alten Küche.

Wenn die Originalfliesen nicht mehr zu retten sind, werden sie einfach durch 15x15 cm Standardfliesen ersetzt – das tut dem authentischen Look keinen Abbruch. Ecken und Winkel können meist so bleiben, sofern Sie sich auf offene Küchenregale beschränken und die Küchenelemente zum Beispiel aus Gasbeton selbst bauen. Gasbeton ist ein praktisches, vielseitiges und preiswertes Material. Wer die Umbauten selbst vornehmen will, sollte allerdings etwas Übung und handwerkliches Geschick haben, denn das Sägen, Verkleben und Verputzen der fertig gebauten Elemente macht doch ziemlichen Schmutz.

In einer weitgehend offenen Küche kommt es vor allem auf Funktionalität an. Dabei muss man es jedoch nicht so sehr übertreiben, dass sie am Ende an eine Arztpraxis erinnert. Hier ist alles, was regelmäßig benutzt wird, auf Regalen und Hängeleisten sofort zur Hand. Sehr zu empfehlen ist so eine Arbeitsfläche aus hochglänzendem Terrazzo direkt neben dem Herd. Sie ist pflegeleicht, hitzebeständig und man kann darauf wunderbar Teig ausrollen. Der Kleinkram verschwindet in Schubladen aus Edelstahl, während Töpfe und Pfannen griffbereit auf offenen Stahlrosten untergebracht sind. Die Schranktüren auf der gegenüber liegenden Seite sind aus Holz. Alle Materialien sind fabrikneu, doch sie wirken so harmonisch zusammen, dass sie die »gute alte Zeit« direkt wieder auferstehen lassen.

Das geradezu gefährlich wirkende Aggregat ist in Wirklichkeit ein Edelstahl-Toaster, in dem vier Scheiben Brot Platz haben.

Zum Stil des späten 19. Jahrhunderts passen der runde Marmortisch und die Kaffeehausstühle aus Bugholz.

Cooler Edelstahl glänzt auf allen Oberflächen: auf dem amerikanischen Kühl-Gefrierschrank, auf Geschirrspüler, Herd und Schranktüren – und den Töpfen und Pfannen, die in der Nische dekorativ um den Herd herum aufgehängt sind.

Rustikal und Edelstahl

Rote Knallfarben lockern das strenge schwarz-weiße Design dieser Edelstahl-Küche auf.

Die Wände dieser Altbauküche wurden bis aufs Fachwerk vom Putz befreit und anschließend mit schneeweißer Kalkfarbe gestrichen. Auch der helle Holzfußboden ist weiß gelaugt, damit so viel Licht wie möglich in den kleinen, niedrigen Raum gelangt.

Glücklich ist, wer es sich leisten kann, so einen begrenzten Raum mit dem Feinsten aufzuwerten, was die Küchentechnologie zu bieten hat. Kühlschrank, Herd und Geschirrspüler erglänzen in hochwertigem Edelstahl. Die Arbeitsfläche und die kleine, von einem glänzenden Stahlrohr gestützte Bartheke bestehen hier aus schwarz gebeiztem Holz – schön wäre jedoch auch schwarzer Marmor.

Die alte Herdnische hat ihre Funktion beibehalten, doch nun steht hier ein ultramoderner Edelstahlherd. Rundherum steht und hängt auf offenen Regalen und Wandhaken alles nötige Beiwerk griffbereit. Knallrote Farbtupfer bringen Humor und Bewegung in die strenge Grafik der Einrichtung.

PRANSANI

ACETO
BALSAMICO
Mazzetti
LORENA

Kühle Räume mit hohen Wänden und ein ockerfarbener Dachgarten mit Rosmarin, Thymian und Lavendel. Eine Oase mit südlichem Charme in der italienischen Großstadt.

Viva Italia!

Küchen in Altbauwohnungen sind meist eng und verwinkelt und zudem überwiegend nach Norden oder mit Blick auf den Hinterhof ausgerichtet. Wenn man ein angrenzendes Zimmer opfert, wird aus der ehemaligen Problemzone jedoch eine geräumige Küche mit integriertem Essbereich, wo sich Familie und Gäste gern zum Kochen, Essen und Plaudern versammeln.

In dieser gediegenen Küche steht ein sechsflammiger Herd, der einer echten italienischen Mamma würdig ist. Hier stehen Pasta und Minestrone zum Servieren bereit – und das frische Obst für den Nachtisch. Wie es sich für eine südländische Küche gehört, stehen auf den langen, offenen Regalen Olivenöl und Gewürze, Espressomaschine, frische Kräuter, Wein und Kerzenhalter griffbereit. Der Clou ist jedoch die kleine Dachterrasse mit Blick auf die Wäscheleinen im Hof, eine rote Kletterrose und den Dom im Hintergrund – eine kleine private Oase, die den kleinen Hof zwischen Rückwand und Nachbarhaus überspannt. Unter dem Glasdach hält sich die Wärme, sodass hier in der gesamten milden Jahreszeit Blumen und frische Kräuter gedeihen.

In die Trennwand zwischen Küche und Nebenraum wurden zwei große Fenster eingesetzt, die die Besitzer zufällig auf einer Abrissstelle fanden. Suchen Sie auch einmal im Internet unter dem Stichwort »Antikes Baumaterial«.

Hinter den Glastüren steht ein großes Regal, auf dem Geschirr, Glas und Nippes so dekorativ wie griffbereit untergebracht sind.

Englisches Landcafe

Der englische Landhausstil ist irgendwie unverwechselbar, denn er ist zugleich rustikal und romantisch – eine charmante Mischung von zart und handfest.

Aus unseren Idealvorstellungen vom Landleben ist die große und gemütliche Küche nicht wegzudenken, in der sich die Familie trifft und zusammen kocht. In Wirklichkeit sind die Küchen in den meisten Bauernhäusern gar nicht besonders groß. Ganz im Gegenteil war dort oft kaum für mehr als eine Person Platz. Auch hier empfiehlt es sich, die ursprüngliche Küche mit einem Nebenraum zu einer Wohnküche zusammenzulegen. Wenn es sich um zwei gegenüberliegende Räume handelt, kann das Licht nun von beiden Seiten in den großen Raum fallen. Das ist besonders in alten Häusern mit niedrigen Decken von Vorteil. Hier dient die ehemalige Zwischenwand als freistehender Küchentisch mit zusätzlicher Stellfläche darunter. So bleiben die beiden Räume optisch voneinander getrennt. Eine nostalgische Tapete mit Kochrezepten an der Rückwand des Küchenbereichs gibt stilistisch den Ton an. Die »vergilbten« Goldbrauntöne der Tapete wurden bei der Bemalung der Regale und Schranktüren wieder aufgenommen, indem die weiße Anstrichfarbe mit etwas Umbra abgetönt wurde.

Zum Selbermachen:

Küchenschränke mit Patina: Das Möbelstück zuerst mit weißer Grundfarbe vorstreichen und gründlich trocknen lassen. Dann eine mit ein wenig Umbra abgetönte Schicht Weiß auftragen und wiederum trocknen lassen. Anschließend die gesamte Oberfläche mit sehr feinem, nassen Sandpapier abschmirgeln, bis die gewünschte Patina erreicht ist. Nach dem Trocknen mit mattem Klarlack streichen, dann lässt sich das Möbelstück später leichter reinigen.

Die Tischplatte des Zwischenelements besteht aus einem Ulmenholzbrett, dessen natürliche Umrisse belassen wurden. So etwas bekommt man beim Sägewerk. Schön ist auch eine mit Zinkblech beschlagene Holzplatte. Lassen Sie sich dabei vom Fachmann helfen, wenn Sie kein erfahrener Heimwerker sind.

Ein antikes Porzellanwaschbecken, geflieste Arbeitsflächen und zinkbeschlagene Regalbretter: Landhausküche trifft englische Teestube.

Mit vollen Segeln

Eine mutige und unkonventionelle Farbzusammenstellung gibt dieser Küche einen maskulinen, maritimen Charakter. Ein Regal auf Rollen dient als beweglicher Raumteiler und trennt den Ess- vom Wohnbereich.

Das mannshohe weiße Regal auf Rollen trennt die einzelnen Wohnbereiche optisch voneinander, ohne das Gefühl von Offenheit zu beeinträchtigen.

Die petrolgrünen Küchenelemente trennen den Küchen- und Essbereich optisch vom Wohnbereich. Die Rückwand in einem warmen Holzton hat eingebaute Hängeschienen für Küchengerätschaften. Esszimmermöbel im klassisch dänischen Design nehmen die klare Linienführung der Küchenzeile wieder auf. Ein hölzernes Modellschiff, »Wüstenschiffe« aus Metall auf dem Küchenschrank, Schiffsuhren an der Fensterwand und eine Mosaikvase mit weißen Lilien geben dem Raum eine maskuline Globetrotteratmosphäre.

In dieser hellen Dachwohnung hat man beinahe das Gefühl, unter freiem Himmel zu leben – als könnte der »fliegende Holländer« unter der Zimmerdecke jeden Moment zum Fenster hinaus segeln.

Fröhlich und beschwingt

Eine übersprudelnde Mischung aus Neonrosa, Quietschgrün und Knallorange entführt uns an einen magischen Ort mit weißen Sandstränden, wo die flirrende Luft mit exotischen Düften und heißen Calypsoklängen erfüllt ist.

Inspiration kann man sich aus allen vier Windrichtungen holen. Die Adoptivkinder dieser Familie stammen aus der Karibik und so ist es nur natürlich, dass sich die neuen Eltern bemühten, die übersprudelnde Atmosphäre ihrer Heimat mit in den kühlen Norden zu nehmen.

In dieser munteren Küche muss selbst der linientreueste Minimalist weich werden, denn wem wird die fast kindliche Freude an den knalligen Calypsofarben und dem verspielten Geschirr aus Blech und Plastik kein Lächeln entlocken?

Alle Gerätschaften, die man in einer Küche so braucht, kann man für wenig Geld beim Asienexport oder auf Straßenmärkten in fantasievollen Billigausgaben bekommen – man braucht nur etwas Geduld und ein gutes Auge.
Hier geht es zur Abwechslung einmal nicht um die Kunst der Beschränkung, sondern es gilt, dem Spieltrieb freien Lauf zu lassen – nach dem Motto: »Je bunter, desto besser«.

Neonfarben, Blech und Plastik kommen vor weißem Hintergrund erst so richtig zum Leuchten. Dazu passt das zusammengesuchte Mobiliar.

Wem beim Anblick dieser beschwingten Küche nicht leicht ums Herz wird, dem ist wohl nicht zu helfen!

Mit wenigen Mitteln

Hohe Qualität mit kleinem Portemonnaie? Mit Geduld, Findigkeit und Verhandlungsgeschick kann man das Budget erstaunlich weit strecken!

Wenn man eine Espressomaschine der höchsten Qualität erworben hat, wäre es doch eine Sünde, sie nicht in Szene zu setzen. Fliesen an Rückwand, Arbeitsfläche und entlang der gemauerten Küchenelemente sorgen für Kaffeehausstimmung.

Wenn man etwas Geduld und Zeit investiert, findet man hochwertige Markenartikel im Ausverkauf oder im Internet für vergleichsweise wenig Geld.

So wie es beim Kochen auf die richtige Würzmischung ankommt, wird auch der Stil dieser Küche von der richtigen Kombination von alt und neu, billig und hochwertig bestimmt. Der fast fabrikneue luxuriöse Einbau-Gasherd in dieser Küche stammt aus einer Zeitungsannonce. Die gediegene Edelstahlplatte war ursprünglich ein Zwischenboden für einen Stahlschrank – der zweiten Wahl. Die eleganten Stahlregale sind eigentlich fürs Badezimmer gedacht und ein farbenfroher Olivenölkanister dient nun als praktische Ablagebox.

Der Rolls Royce dieser Küche ist die goldfarbene Luxus-Espressomaschine. Der Besitzer hat sie für einen Spottpreis im Internet »geschossen«.

Für ausreichende Ablagefläche sorgen die zweckentfremdeten Badezimmerregale, auf denen nun Kochbücher und Küchengerätschaften Platz haben.

Olymp
ελιά
GAGGIA
Euro Cool

Kosmopolitische Balance

Ein Bauerntisch aus Südfrankreich und ein nordafrikanischer Kelimteppich in der kühlen und urbanen Küche mit Hochglanz-Einbauschränken, Edelstahl und Glas? Darf man das?

Hier darf man – denn hier regiert ein Küchenchef, der sein Kartoffelmus mit Parmesan würzt. Und das ist genauso genial wie seine Einrichtungsideen. Und wer sagt eigentlich, was geht und was nicht? Wer sich nicht zwischen Großstadtästhetik und Landhausstil entscheiden kann, der wirft eben beides zusammen – und das Ergebnis ist auf jeden Fall eigenwillig, höchst persönlich und selbstverständlich genial!

Die weißen, hochglänzenden Küchenelemente, hellen Fliesenwände und Edelstahl-Armaturen sorgen für das urbane Flair, während der rustikale Bauerntisch aus dunklem Holz, ein paar antike Kleinmöbel und der Kelimteppich das Ganze wohnlich machen. Auf den Arbeitsflächen und den offenen Regalen, die sich über die ganze Wandbreite ziehen, tummeln sich allerlei kunterbunt zusammengewürfelte Sammlerstücke – buntes Porzellan, Körbe, Kerzenhalter und Votivbilder. Neben der Balkontür stehen zwei hölzerne Gemüsekisten, in denen Kleinkram aufbewahrt wird.

Die ultramoderne Hochglanzküche wird durch den rustikalen Bauerntisch aus dunklem Holz erstaunlich gemütlich. Die beigefarbenen Wände mildern die kühle Wirkung der weißen Küchenzeile ebenfalls etwas ab.

Die leicht angekitschten Sammlerstücke stehen in humorvollem Kontrast zu den funktionalen Küchenelementen aus Schleiflack und Edelstahl.

Der elegante und helle Raum würde ohne die fantasievolle Kombination von Küchengeräten und Antiquitäten leicht zu kühl und formell wirken.

Rock'n Roll

Mobiler Gaskocher, Champagnersäbel und Küchenelemente auf Rollen – hier kann der Küchenchef flambieren und zelebrieren, wonach ihm gerade ist.

In der »Küchenecke« dienen Drahtkörbe und Blechschränke als fantasievolle Aufbewahrung für die Kochutensilien. Es herrscht eine eigenwillige Atmosphäre von Funktionalität, Kreativität – und Vorläufigkeit. Denn mit diesem Mobiliar kann man von einem Moment zum anderen umziehen.

Dieser Junggeselle liebt Freiheit und Abenteuer – auch in der eigenen Küche. Wo es an der Erfahrung mangelt, springen Mut und Experimentierfreude ein. Und wenn man der Auserwählten mit Crèpes Suzette an der Bettkante imponieren will, lässt sich das selbstverständlich machen. Das Ergebnis wird ganz sicher originell sein!

Wenn man gerade dabei ist, seinen inneren Meisterkoch zu erwecken, braucht man nun einmal mehr als nur eine Mini-Küchenzeile.

Um sich in einer winzigen Küche ganz zu entfalten, braucht man noch mindestens zwei elegante Rollregale. Das eine mit Kochplatte und integrierter Gasflasche, das andere als mobile Arbeitsfläche mit reichlich Platz für Töpfe und Pfannen – und vor allem dem Champagnersäbel, denn Eindruck machen gehört hier zum Selbstausdruck! Mit so einer Ausstattung kann man im Wohnzimmer Steaks braten und zum Nachtisch im Schlafzimmer Crèpes flambieren – ganz nach Lust und Laune.

ATLAS

Gegensätze ziehen sich an

Kulturen und Traditionen lassen sich ausgezeichnet miteinander verbinden, selbst wenn sie auf den ersten Blick sehr verschieden scheinen. Mit dem richtigen Blick fürs Detail wird aus einer »Durchschnittswohnung« etwas ganz Persönliches und Einzigartiges.

Die große Kellerküche ist ein Bild der Kontraste, denn hier werden Dinge miteinander kombiniert, die auf den ersten Blick nicht zusammen passen. Der Vitrinenschrank mit den Sprossenfenstern und die Wandregale lassen an das Handwerk vergangener Jahrhunderte denken, während der Betonfußboden und die Stühle aus Aluminiumguss eher in eine Fabriketage passen. Als der Betonboden noch feucht war, wurden gerade Linien hineingezogen, sodass er nun wirkt, als sei er aus Fertigplatten gelegt. Der rustikale schwedische Ausziehtisch, der gusseiserne Gasherd und die beiden Keramikwaschbecken wirken zwar antik, sind aber fabrikneu. Das Ergebnis ist eine Art nostalgischer Fabriketagen-Look, der auf seine eigenwillige Art sehr einladend wirkt.

Hier trifft schwedisches Handwerk auf amerikanisches Industriedesign. Die graue Tischplatte mit künstlicher Alterspatina passt erstaunlich gut zu den modernen Aluminiumstühlen.

Wenn Kulturen, Traditionen und Stilarten zueinander kommen, ist das Ergebnis sehr eigenwillig und persönlich.

himmelblau
doppelter spaß
tisch und vier stühle minimalismus
und farbakzente
mit blick nach osten
zu hause in paris
unkonventionell und
logisch in szene gesetzt

Das Esszimmer

Ein schön eingerichtetes Esszimmer und ein fantasievoll gedeckter Tisch sind eigentlich unverzichtbar, denn das Auge isst schließlich mit. Man sagt, Essen hält Leib und Seele zusammen, doch eine angenehme Umgebung ist für das seelische Wohlbefinden mindestens ebenso wichtig. Im Alltag heben schon kleine Details wie ein schönes Tischtuch, hübsches Geschirr oder frischer Blumenschmuck die Stimmung, doch zu festlichen Gelegenheiten kann man die Fantasie so richtig spielen lassen und mit der Dekoration regelrechte Geschichten erzählen.

Wenn sich die ganze Familie hier wohl fühlt, kommen auch alle gern zu gemeinsamen Mahlzeiten zusammen. Geht das nicht jeden Tag, so sollte man sich möglichst an den Wochenenden darum bemühen. Es ist wichtig, diejenigen an unserem Leben teilhaben zu lassen, die uns nahe stehen. Wenn man erst einmal entspannt um einen nett gedeckten Tisch herum sitzt, dann hat man auch mehr Geduld, anderen zuzuhören und von sich selbst zu erzählen. So werden die Batterien wieder aufgeladen und alle gehen durch den Rückhalt der Familie gestärkt mit frischer Energie in den neuen Tag.

Himmelblau

Ein Esszimmer, das aussieht, als würde es irgendwo zwischen den Wolken schweben. Eine beschwingte, etwas schräge Sinfonie in Himmelblau und ein gekonntes Zusammenspiel von Alt und Neu.

Das Zusammenspiel von zarten Farben, Formen und Materialien macht das Tischdecken zu einem besonderen Vergnügen.

Die Leinentischdecke ist so blau wie der Sommerhimmel. Ein Strauß blassrosa Pfingstrosen bringt einen Hauch von Lyrik in die zarte, elegante Komposition von Porzellan, Glas und Silber.

Der Frühstückstisch aus zwei zusammengeschobenen Klapptischen wirkt zwanglos und auf eine charmante Art vorläufig. Wenn es darauf ankommt, haben an den ausgezogenen Tischen jedoch 24 Personen Platz! Gusseiserne Gartentische dienen als Beistelltische sowie als Ablagefläche für Extra-Bestecke, Geschirr und Gläser. Das ist so schön wie dekorativ – und man braucht nur den Arm auszustrecken, wenn mal eine Gabel fehlt.

Rücken Sie all das ins beste Licht, was Ihnen besonders am Herzen liegt: Dinge, die eine Geschichte erzählen können und Gegenstände, die nicht nur einen definitiven Zweck erfüllen, sondern auch in einem spannenden Kontrast zur Einrichtung des Raumes stehen. Gute Beleuchtung ist immer wichtig. Wenn es an natürlichem Licht fehlt, ist ein Kronleuchter mit Dimmer die beste Lösung. Dann kann man das Licht diskret dämpfen, wenn es gemütlich wird.

Doppelter Spaß

Man soll die Feste feiern, wie sie fallen – und in diesem hellen und fröhlichen Zimmer fallen sie auf jeden Tag in der Woche.

Ein ganzes Zimmer nur zum Essen – das empfinden viele heute als Verschwendung von Wohnraum. In diesem Zimmer wird nicht nur gegessen, sondern auch gelesen, genäht, gemalt und gespielt. Der ganze Raum ist gut ausgeleuchtet und in einer Ecke steht sogar ein gemütlicher Lesesessel. In einer so einladenden Umgebung versammelt man sich gern zum Essen, Spielen und Plaudern und hier fühlen sich auch Gäste stets willkommen.

Ein Raum, der mehrere Funktionen erfüllt, wirkt schnell unübersichtlich. Das kann man vermeiden, indem man die Farbpalette relativ begrenzt hält. In dem alten, weiß gestrichenen Sekretär stehen Gesellschaftsspiele sowie Zeichen- und Bastelmaterial immer griffbereit – da ist es kein Wunder, dass der große Tisch selten so ordentlich und unbenutzt dasteht wie auf unseren Fotos.

In einer Zimmerecke steht ein kuscheliger Lesesessel für die Erwachsenen. Die Kinder versammeln sich lieber zum Spielen und Basteln um den großen Esstisch.

Duftkerzen, frische Blumen und dekorative Spielereien laden zum Entspannen und Genießen ein.

Hier geben Tisch und Stühle im klassischen Landhausstil den Ton an. Der Tisch ist so groß, dass bei Bedarf bequem weitere Stühle dazu gestellt werden können. Ein Seidenblumenkranz verwandelt die beiden nackten Halogenlampen in einen schrägen Kronleuchter. Kerzenlicht verleiht dem fast spartanisch eingerichteten Raum eine wunderbare Atmosphäre.

Tisch und vier Stühle

Künstlercafé, spartanische Eleganz oder katalanische Finca: Hier richtet sich der Stil nach Tisch und Stühlen.

Bilder mit den unterschiedlichsten Themen bilden ein harmonisches Ganzes, wenn man sie im selben Stil rahmt und in einer Gruppe aufhängt. Wer die Abwechslung liebt, kann einzelne Teile dieser Komposition von Zeit zu Zeit gegen andere Motive austauschen, dadurch bekommt der Raum stets neue Impulse. Es ist schon eine kleine Kunst, mit wenigen Mitteln eine spannende Atmosphäre zu schaffen. Das Geheimnis liegt im geschickten Zusammenspiel von Gemeinsamkeiten und Kontrasten. Der weiße Esstisch und der Kronleuchter aus Kristall bilden eine Einheit, die mit den Kaffeehausstühlen aus dunklem Holz angenehm kontrastiert. Die Bilderwand wird von Grafiken und Kohlezeichnungen beherrscht, in denen nur gelegentlich ein wenig Rot auftaucht. Dieses wiederum harmoniert mit dem Parkettboden und dem altmodischen Klavier in warmen Holztönen. Die rote Grafik wird durch den roten Tulpenstrauß besonders betont und die weiße Tischplatte durch den weißen Strauß – wäre es umgekehrt, würden sich die Effekte gegenseitig aufheben.

Wenn Ihr Leuchter aus Messing besteht, können Sie ihn einfach versilbern lassen. Das kostet nicht viel und ist sehr effektvoll.

URBAN VIBRATIONS

Minimalismus und Farbakzente

Minimalismus als gelebtes Modell bedeutet nicht nur, das Mobiliar, sondern auch den Verbrauch von Energie und Ressourcen auf das Nötigste zu beschränken. Die Maximierung von Form und Funktion ist dabei von elementarer Wichtigkeit.

Die geschwungenen Linien und organischen Formen der Bildmotive werden von der futuristischen Panton-Leuchte und dem Calla-Strauß auf dem Tisch wieder aufgenommen.

Minimalismus ist auch die Gabe, mit einfachsten Mitteln maximale Wirkung zu erzielen. Die einfach auf den Boden gestellten Le Klint-Leuchten sind dafür ein gutes Beispiel.

Wenn man sich einfach einrichtet, wird auch das Leben leichter, sagen Viele. Auf jeden Fall braucht man sich nicht mit einer Menge von Dingen zu belasten, die nur in der Gegend herum stehen. Die vier Wände werden sozusagen zum Bilderrahmen für alle häuslichen Aktivitäten – während die Kinder zum Beispiel mit Lego spielen, hängen die Eltern riesige Bilder an die Wand. Hinterher werden Spielzeug und Verpackungsmaterial weggeräumt und es ist wieder reichlich Platz für Gäste und neues Geschehen.

Ob die minimale Einrichtung von starken Farb- und Formkontrasten oder von einfachen, schlichten Farben, Linien und Proportionen beherrscht wird, ist eine Frage des persönlichen Geschmacks und Temperaments. Auf jeden Fall sind es solche bewussten Entscheidungen, die der Wohnung das individuelle Gepräge geben. Der eine hängt seine Le Klint-Leuchten an die Decke, der andere stellt sie wie Skulpturen auf den Boden – das hängt nicht zuletzt davon ab, ob man direkte oder gedämpfte Beleuchtung vorzieht.

Zu Hause in Paris

Teller, so groß wie Servierplatten und eine vergoldete Spiegelkonsole im Rokokostil. Antike Gläser und Kannen aus Kristallglas, silberne Kerzenleuchter, knospendes Gipskraut und ein gewisser Laissez-faire, wenn es um Stilrichtungen geht – das ist französischer Charme vom Allerfeinsten.

Das Pariser Restaurant hat geöffnet, machen Sie es sich auf einem der bequemen Bugholzstühle gemütlich und lauschen der Akkordeonmusik im Hintergrund. Auf dem blütenweißen Tischtuch gibt sich elegante Zwanglosigkeit ein Stelldichein. Wenn es Ihnen auf die echte Pariser Atmosphäre ankommt, machen Sie doch einmal eine Reise an Ort und Stelle und kehren vor allem in den kleinen Familienbetrieben ein, wo die echten Pariser zu Mittag oder zu Abend essen.

Mit etwas Geschick kann man diese Atmosphäre auch im eigenen Heim erstehen lassen. Wenn Sie sich in Paris gut umgeschaut haben, dann wissen Sie, dass die Beleuchtung in den Restaurants oft recht gedämpft ist. Im Laufe der Jahre – und unzähliger Zigaretten – haben die Wände eine gewisse warme Patina bekommen, die im kühleren Licht des Nordens jedoch sehr leicht schmutzig wirkt. Da ist es meist besser, auf reines Weiß zurückzugreifen.

Das Licht im Norden ist kühler, daher sollten Sie klares Grau und warme (also leicht rötliche) Brauntöne wählen.

Kerzen – viele Kerzen – sind wichtig, wenn es Ihnen auf den gewissen warmen, goldenen Schimmer des Pariser Ambientes ankommt.

pariser charme
akkordeonklänge
bugholzstühle
weiße tischtücher

Mit Blick nach Osten

Warme skandinavische Naturfarben kombiniert mit ein paar fernöstlichen Lieblingsstücken. Durch das Entfernen einer Wand wurde aus Wohn- und Esszimmer ein großer, lichtdurchfluteter Raum.

So ein großer Esstisch, an dem sich Familie und Freunde zum Essen, Arbeiten und Plaudern versammeln, ist der Dreh- und Angelpunkt einer optimal funktionierenden Wohnung. Durch die Entfernung einer Zwischenwand wurde aus zwei engen, kleinen Zimmerchen ein großer, heller Raum.

Dunkle Möbel – ein Ledersessel und der Sofatisch aus einem antiken Reisekoffer – geben dem Raum Charakter. Der blühende Fliederbaum mit seinem rauen Stamm und den zarten weißen Blüten wirkt wie eine organische Raumskulptur und verweist auf die fernöstliche Herkunft der Bewohner. Die ganze Wohnung strahlt asiatische Ruhe und Gelassenheit aus, doch die traditionellen, markanten Schwarz- und Rottöne sind inzwischen weicheren Nuancen gewichen. Hier dominiert helles, unbemaltes oder weiß gekalktes Holz mit warmem Dunkelbraun als Kontrastfarbe. Der klassische chinesische Brautschrank mit markantem Silberbeschlag, normalerweise schwarz oder rot, hat hier durch weiße Lackfarbe ein skandinavisches Gepräge bekommen.

Aus fernöstlicher Sicht wirkt der Raum vielleicht schon überladen, doch für uns ist das Ergebnis beinahe spartanisch.

Unkonventionell und logisch

Das traditionelle Esszimmer der alten Zeit wurde nur zu besonderen Gelegenheiten benutzt. Doch so ein Raum kann mit einfachen Mitteln in eine zwanglose und multifunktionale Gegenwart geführt werden.

Diese alte Patrizierwohnung verfügt noch über ein elegantes Esszimmer mit hohen Stuckdecken und Holzpaneelen an den Wänden, wo die Herrschaft einst fernab von der störenden Geschäftigkeit des Küchenpersonals speiste. Durch die teilweise Entfernung der Wand zur Küche nebenan gelang jedoch, sozusagen, der Durchbruch in die Gegenwart.

Wenn die schönen, hohen Holzpaneele nicht gewesen wären, hätte man hier die gesamte Zwischenwand entfernt. Stattdessen entschied man sich für eine etwas weniger radikale Lösung: Es wurde lediglich der Raum zwischen Decke und Wandvertäfelung zur Küche hin geöffnet, sodass zwischen den beiden Räumen nun ein indirekter Kontakt besteht. Auf den so entstandenen breiten Ablagen in Schulterhöhe hat allerlei südländischer Nippes Platz – passend zur zwanglosen und unkonventionellen Atmosphäre der gesamten Wohnung.

Die beiden eleganten, überwiegend in Weiß gehaltenen Räume wirken durch die Kombination mit Antiquitäten und Dekorationen in warmen Farbtönen erstaunlich zwanglos und wohnlich.

Un Peureux
PEUREUX

In Szene gesetzt

Hier findet alles vor großer Kulisse statt. Und wer mit so eindrucksvollen Gemälden daher kommt, ist selbst nicht unbedingt ein Mensch der leisen Töne.

Frühjahrs-Klassiker: Die Weidenkätzchen auf dem Tisch und der überdimensionale Fotodruck des Endspurts von Paris-Roubaix sagen deutlich – es ist Frühling.

Ein Riesenplakat, ein Fotodruck, die Reproduktion eines alten Meisters oder, wie hier, ein Werk aus eigener Hand kann sehr effektvoll mit einem prangenden Kronleuchter (Dimmer nicht vergessen!), Massen von brennenden Kerzen oder einem zarten Blumenarrangement kombiniert werden. Durch das übrige Mobiliar und die Tischdekoration wird die dramatische Stimmung, je nach Laune, noch betont oder auch leicht gedämpft.

Eine humorvolle Getränkereklame ist das Richtige für fröhliche Gesellschaften. Das Gemälde dient als stilvolle und dramatische Kulisse für den elegant mit Silberleuchtern gedeckten Tisch. Und der schlammbespritzte Peloton des Fahrradrennens Paris-Roubaix wirkt in der ruhigen, minimalistischen Umgebung umso lebendiger und unmittelbarer.

winterkinder abenteuerspielplatz

Schiff ahoi

auf zwergenhöhe stars & stripes

sommerromantik

auch teenager mögen rosa

pariser bohème

Das Kinderzimmer

Das Kinderzimmer, von den Eltern zuerst liebevoll in weiß, zartrosa oder hellblau eingerichtet, wird sich ganz automatisch nach und nach verändern, während der kleine Bewohner heranwächst. Und jedes neue Dekor ist zugleich ein Meilenstein in der Entwicklung Ihres Kindes.

Nach einer Phase mit so vielen Kuscheltieren, dass man den Zwerg dazwischen kaum wiederfinden kann, hängen auf einmal Schilder mit »Betreten verboten« an der Kinderzimmertür – der Abnabelungsprozess hat begonnen. Bald macht der Spieltisch einem Schreibtisch Platz und statt Plüschtieren drängen sich nun Barbiepuppen und Action-Figuren auf den Regalen. Wenig später haben wir es, nach den Postern an der Wand zu urteilen, entweder mit Philosophen, Romantikern oder Heavy-Metal-Fans zu tun. Nun halten auch Computer und Spielkonsolen Einzug. Dann dauert es auch nicht mehr lange, bis Ihnen der Sprössling so nebenbei mitteilt, dass er demnächst mit der Freundin zusammenzuziehen gedenkt. Und schon geht es wieder los mit der Wohnungssuche.

BABY!

Winterkinder

Babys erstes Zimmer ist weiß wie frisch gefallener Schnee. So weiß wie der kleine Eisbär aus Plüsch und das Taufkleidchen aus Spitzenstoff.

Beim ersten Kind ist man sich noch nicht ganz sicher, was eigentlich alles gebraucht wird. Am besten beginnt man erst einmal mit einer Wiege oder einem Kinderbett, das mit dem Kind mitwächst. Einen Schrank oder eine Kommode für die Kleider und einen Wickeltisch braucht man auch. Während man noch auf das Baby wartet, hängen schon die allerersten Kleidchen oder Ensembles dekorativ bereit. Ist es endlich da, wird man ohnehin meist mit Geschenken überhäuft – und eh man sich versieht, ist das Zimmerchen mit all den Glück- und Segenswünschen von Freunden und Verwandten fertig eingerichtet.

An der Wand hängen silbern gerahmte Kinder- und Jugendfotos der Eltern und Großeltern und Drucke aus einem alten Kinderbuch. Der rustikale alte Tisch aus unlackiertem Holz steht im interessanten Kontrast zu dem weiß lackierten Kinderstuhl und dem duftigen Taufkleidchen. Unter dem Wandregal mit den Vorlesebüchern steht ein kuscheliges Sofa zum Plaudern und Stillen und für das Nickerchen zwischendurch.

Von dem mit einem schwarz gesäumten Sisalläufer ausgelegten Flur gelangt man in das Reich des Töchterchens. Hier ist das Farbschema eine Sinfonie der zarten Töne: die Wände sind in mattem Elfenbeinweiß, Türen und Fenster in glänzendem Weiß und der Fußboden in seidenmattem Hellgrau gehalten. Wenn Wände, Fußboden und Holzteile erst einmal gründlich renoviert und gestrichen sind, ist der Großteil der Arbeit schon getan.

Das antike Eisenbett mit dem neuen Betthimmel aus weißem Organza ist genau das Richtige für die kleine Kronprinzessin.

Über dem Sofa warten Kuscheltiere und Bilderbücher geduldig auf den neuen Erdenbürger.

Kleine Spielsachen sind oft die Inspiration für große Geschichten.

Kinder malen zu gerne an der Wand – da ist es angebracht, ihnen zuvor zu kommen! Der Stil spielt dabei keine Rolle, solange das Motiv so abenteuerlich wie möglich ist.

Abenteuerspielplatz

Kinder jeden Alters können sich stundenlang in Wandmalereien versenken und dabei in Gedanken auf eigene Abenteuerreisen gehen. Schön ist es, wenn sich das Gemälde, wie hier, rund um einen Alkoven zieht. Lassen Sie sich davon zu eigenen Szenerien inspirieren.

Wählen Sie für Babies und Kleinkinder fröhliche Szenen in Pastellfarben, zum Beispiel aus dem Buch mit den Gutenachtgeschichten oder auch frei nach einem Lieblingslied. Wenn das Kind älter wird, kann man zu leuchtenderen Farben übergehen. Wenn Ihnen das Malen aus freier Hand schwer fällt, nehmen Sie einen Diaprojektor zu Hilfe und zeichnen die Umrisslinien mit dem Bleistift oder mit Kreide nach.

Es macht nichts, wenn das Kinderzimmer spärlich möbliert ist, denn Kinder spielen sehr viel auf dem Fußboden – besonders gern mit den Eltern. Und die nehmen ja auch ziemlich viel Platz weg, wenn sie erst einmal der Länge nach auf dem Boden liegen.

»Der kleine Prinz« – ein Klassiker, der in viele Sprachen übersetzt wurde.

Teddybären überall – im Bettchen, an der Lichterkette und an der Pinnwand. Der Teddybär ist auch gern mit dabei, wenn es Zeit für die Gutenachtgeschichte ist.

Schiff ahoi!

Für Leichtmatrosen, mit Kojen, Bullaugen und Schlingerkanten. Auf dem Schiff und in einer kleinen Wohnung kommt es auf die geschickte Raumnutzung an.

Hier teilen sich zwei Leichtmatrosen eine Kajüte. Die Betten ziehen sich Kopf an Kopf an der Längswand entlang. Durch das an einem Stahlkabel befestigte Netz geht auch bei noch so hohem Seegang niemand über Bord. In den Metallschubladen unter dem Bett ist viel Platz für die Spielsachen. Die Wandleuchten über dem Wandregal, das sich über die ganze Bettbreite zieht, erinnern an Bullaugen.

Und wenn Käpt'n Mama zum »klar Schiff machen« pfeift, sagt man lieber schnell »aye aye, Käpt'n« und macht Ordnung, anstatt ihr allerhand »Seemannsgarn« über tobende Meeresungeheuer aufzutischen!

Das unkonventionelle Regal füllt eine ehemals ungenutzte Ecke neben der Tür. Die runden Regale wurden in einer Kartonfabrik in der Nachbarschaft maßgefertigt.

Ein bisschen Grün ist auch im Kinderzimmer schön. Der Mini-Lattenzaun schützt den Geldbaum vor »Autounfällen«. Solche Geld- oder Pfennigbäume sind robust und genügsam und passen daher gut ins Kinderzimmer.

Wenn soviel Platz unter der Schlaf-koje ist, geht das Auf-räumen wie geschmiert!

Die beiden Betten sind der Länge nach angeordnet, sodass in dem kleinen Kinderzimmer viel Bodenfläche zum Spielen frei bleibt. Das Netz wirkt nicht nur maritim, sondern gibt auch ein Gefühl der Sicherheit.

FANG
DE SMÅ SYNGER

Auf Zwergenhöhe

Auch Kinder richten sich gern häuslich ein – zum Beispiel in Puppenstuben oder Baumhäusern. Gewöhnen Sie Ihre Kinder früh daran, ihr Zimmer selbst herzurichten und aufzuräumen – das wird sich auf lange Sicht auszahlen.

Wenn Sie das Aufräumen von Anfang an mit ins Spiel einbeziehen, wird es mit etwas Glück schnell zur Gewohnheit. Es ist wichtig, den Kindern die Freiheit zu lassen, ihr Zimmer – oder ihre Zimmerecke – selbst herzurichten. Manche Dinge schaut man lieber an, während andere ständig zum Spielen hervorgeholt werden. Daher braucht man auch verschiedene Methoden, diese unterzubringen. Sorgen Sie für Regale und Kästen, aber lassen Sie die Kinder selbst einräumen. Vielleicht können Sie Kästen und Schubladen mit Etiketten versehen – zum Beispiel selbst gemalte oder aus Zeitschriften ausgeschnittene Bilder – damit man gleich weiß, welche Dinge wohin gehören. Wenn die Kinder Farben, Vorhänge, Bettzeug und Teppiche mit aussuchen durften, wird das Ordnung halten im eigenen Reich schnell zum Vergnügen.

Jeder ist das Produkt seiner Umgebung – das gilt für Kinder in noch höherem Maße als für Erwachsene. Wenn Sie die Kinder frühzeitig daran gewöhnen, für die eigenen vier Wände Verantwortung zu tragen, wird das lebenslange Dividenden bringen.

Praktisch fürs Kinderzimmer sind hübsche Körbe oder Kästen, die man leicht unter das Bett schieben kann. Darin können die Spielsachen abends schnell verschwinden. Obwohl sich der Geschmack der Kinder allmählich verändert, gibt es doch immer ein paar Spielsachen, von denen sie sich nicht trennen mögen. Manchmal hilft es, solche Dinge eine Weile beiseite zu legen, bis das Kind ganz sicher nicht mehr danach fragt.

himmelblau

häkeltaschen meeresduft
sommerlich segelschiffe
sommerträume lifestyle

Dior
FE&STYLE
new wave

GOLF SPORT USA

GOLF SPORT USA

Stars & Stripes

Harley Davidsons und riesige alte Chevys, Hamburger, Skateboards, Cowboys und Indianer, Comic-Superhelden, Rap und Hip-Hop und coole Actionfilme. Für Jungs ist die amerikanische Kultur etwas ganz anderes als für Erwachsene, doch bestimmte Dinge bleiben sich gleich.

Der New England-Stil ist zugleich kühl, frisch, wohnlich und maskulin. Wenn man sich strikt an die »Stars and Stripes«-Farben hält – Rot, Weiß und Blau – ist man auf dem richtigen Weg. Sterne und Streifen in allen Variationen im Verbund mit schlichten, soliden Holzmöbeln gehen später nahtlos in den »High School«-Stil der Jugendlichen über. Denken Sie an genug Platz für Stereoanlage, Fernseher und Computer.

Maritime und sportliche Symbole gehören zum New England- und Collegestil einfach dazu – zum Beispiel Hocker oder Beistelltische in Form von Taurollen, Schiffsbilder oder Modellschiffe, Inline-Skater, Badminton- oder Tennisrackets, Surfbretter, Football- oder Baseballzubehör oder was Ihren Jungen sonst so interessiert. All das erzählt eine Geschichte über den Bewohner dieses Zimmers und ist daher ein Teil seiner Persönlichkeit.

Kinder brauchen viel Licht und frische Luft. Dieser Junge hat sogar einen eigenen Zugang zum Garten.

Die Großen brauchen auch viel Platz, um mit ihren Freunden »abzuhängen«. Das Bettsofa lässt sich zum Doppelbett ausklappen und darunter befinden sich drei geräumige Schubladen. So wird das Schlafzimmer im Handumdrehen zum Wohnraum. Auf der breiten Fensterbank ist viel Platz für all die Technologie, die man heute so braucht.

Sommerromantik

Die Inspiration für diese Einrichtung war ein Hotelzimmer auf der letzten Urlaubreise. Mit ein paar Zeichnungen und eigenen Ideen wurde daraus ein sonniges Mädchenzimmer.

Der rustikale Charme eines französischen Landgasthofs ist genau das Richtige für dieses kleine Zimmer, in dem gerade einmal Platz ist für Bett, Schrank und Kommode. Mit eigenen Entwürfen und ein wenig Hilfe von den Eltern hat sich die Bewohnerin hier ihren eigenen Traum verwirklicht. Durch ein paar Fensterläden im Badehaus-Stil gelangt man in eine kleine, separate Garderobe.

Bis auf die Kommode besteht das Mobiliar aus MDF-Platten, die mit Fräse, Stichsäge und Sandpapier in die richtige Form gebracht wurden. Dann erhielt das Ganze einen cremefarbenen Grundanstrich, auf dem die Schattierungen dünn mit Umbra aufgetragen wurden. So ein Kantenrelief kann man entweder nach eigenen Entwürfen mit der Stichsäge zurecht schneiden oder fertig kaufen.

Die Nachttische sind direkt in den Kopfteil eingebaut. Darunter wurde eine Öffnung für die Steckdose ausgesägt. Zwar wurden die Möbelteile nach eigenen Entwürfen vom Tischler gebaut, den Anstrich besorgte die Familie jedoch selbst.

Spiegel- und Bilderrahmen wurden mit selbst gesammelten Muschelschalen, Sand und Seesternen dekoriert.

*Fröhlich, knallig –
und ultracool.*

Auch Teenager mögen Rosa

Teenager brauchen ein eigenes Reich, in dem sie ihrer Fantasie und Gestaltungsfreude freien Lauf lassen dürfen – ob nun das Ergebnis zum Stil des Hauses passt oder nicht.

Der Perlenvorhang trennt die Schlafecke vom restlichen Zimmer, ohne das Raumgefühl zu beeinträchtigen.

Stehen Sie mit Rat und Tat zur Seite, doch halten Sie sich bei der Gestaltung eines Jugendzimmers möglichst im Hintergrund. Sie werden staunen, wie kreativ Ihr Teenager alle möglichen Stilrichtungen und Traditionen zu einem ganz und gar eigenen Ergebnis zusammen wirft.

Hier bringt eine breite Palette aus Rosatönen Humor und Wärme in die sonst eher kühle, sachliche Einrichtung. Die Kombination von hochmodernen Stahl- und Lackmöbeln mit dem Lampenschirm aus weißen Federn und dem rosa Perlenvorhang ist so überraschend wie gelungen. Der Vorhang trennt zudem Schlaf- und Wohnbereich, ohne den Raum optisch kleiner zu machen.

Die Kissenbezüge sind alle selbst genäht. Die meisten Kinder können schon mit zehn bis zwölf Jahren einfache Näharbeiten selbst machen – und was ist schöner, als sein eigenes Reich mit eigenen Kreationen zu schmücken?

*Die nostalgischen Kissen hat die Bewohnerin aus Stoffresten selbst genäht.
Sie drücken der Einrichtung einen ganz individuellen Stempel auf und machen Mut zu gewagteren Kreationen.*

Witzig und effektvoll: Ein mit Zeitungspapier beklebtes Wandregal.

Rote Herzen »erweichen« den kühlen, sachlichen Stil der Einrichtung.

Pariser Bohème

Die Bewohnerin dieser Mansarde im Stil der Pariser Bohème träumt vom romantischen Künstlerleben am linken Seineufer und den Cafés und Bistros der 1920er-Jahre, in denen Ernest Hemingway und Josephine Baker verkehrten.

Die Einrichtung in warmen Brauntönen ist konsequent bis ins letzte Detail durchgezogen – uns es besteht kein Zweifel, dass die Inspiration dafür aus Paris kam!

Nostalgische Möbel, wie den Korbsessel und den Jugendstil-Beistelltisch, findet man mit etwas Glück auf dem Flohmarkt oder beim Trödler.

Auch Teenager gehen gern auf dem Flohmarkt oder in Trödlerläden auf Schatzsuche für ihr eigenes Reich. Denn hier kann man schöne und interessante Funde machen, die nicht viel Geld kosten und dabei der Fantasie und Kombinationsfreude freien Lauf lassen.

Eines Tages ist es Zeit, von Zuhause wegzuziehen und sich eine eigene Existenz aufzubauen. Da ist es gut, wenn man sich zuvor schon etwas Übung erworben hat. Die letzten Jahre zu Hause sind eine Zeit der Zukunftsträume, die besonders bei Mädchen oft nostalgische oder schwärmerische Züge annimmt.

Die dunklen, warmen Brauntöne der schlichten Holzmöbel und des Korbsessels mit den Kissenbezügen aus Naturleinen geben der Dachkammer eine warme, nostalgische Stimmung. Für das stilgetreue Beiwerk sorgen antike Spitzenwäsche, Strohhut und Streifenbluse. Man sieht: Hier wohnt eine künftige Studentin der Kunst, Literatur, Geschichte – oder vielleicht der Innenarchitektur?

In der creme-weißen Kommode mit der wunderschönen Alterspatina haben allerlei Schätze und private Papiere Platz.

meerblick terrazzo
römisches bad zeichentrick
badezimmer für genießer
landadel beton
...und es ward licht französischer charme

Das Badezimmer

Das Badezimmer ist ein sehr privater Raum. Hier wird nicht nur Körperpflege betrieben – es ist auch ein Ort der Regeneration, der Entspannung von Leib und Seele. Hier sind wir allein mit uns selbst und unseren Gedanken und Träumen. Hier lassen wir, mit der Haarbürste vor dem Spiegel, zuweilen unseren inneren Revuestar heraus und leben eine Seite unserer Persönlichkeit aus, die sonst nie zum Vorschein kommt. Und hier machen wir uns schön für das erste Rendezvous, weinen über den ersten Streit und üben Vorträge und Vorstellungsgespräche. Im Badezimmer sind wir uns selbst gegenüber am ehrlichsten.

Badezimmertapete soll fest und widerstandsfähig sein und vor allem zum Thema passen – so wie dieses Seekartenmotiv von Ralph Lauren.

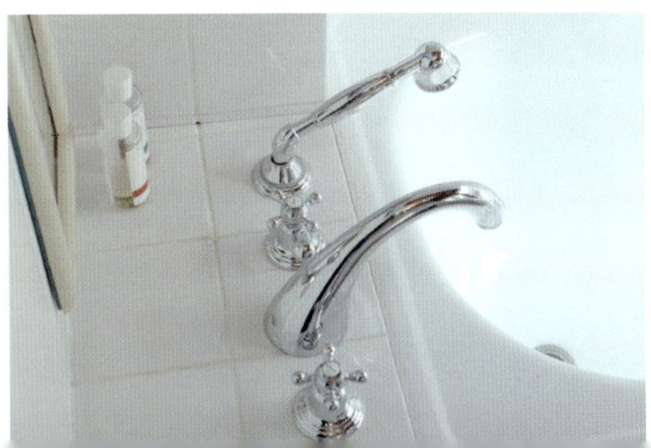

Meerblick

Obwohl das Badezimmer dringend renoviert werden musste, hat das alte Blockhaus dadurch nichts von seinem ursprünglichen, rustikalen Charme eingebüßt. Armaturen, Wanne und Waschbecken im Retro-Stil sind fabrikneu – das wirkt frischer und hygienischer. Die dunkelbraune Holzdecke wurde belassen, wie sie war, doch die Seitenpaneele bekamen einen neuen Anstrich mit weißer Lackfarbe. Die Deckenleuchte erinnert an die Schiffslampen aus der Zeit der Dampfschiffe und passt daher ausgezeichnet ins Gesamtbild.

Ins Badezimmer gelangt man durch eine kleine Garderobe, die durch eine Tür mit sandgestrahlten Glasscheiben vom Bad getrennt ist. So gelangt mehr Licht in den Raum, ohne, dass die Privatsphäre beeinträchtigt wird. Die Wände der Garderobe und des Wäscheschranks aus MDF-Platten wurden mit Naturbrettern verschalt und ebenfalls weiß lackiert.

Mit der Dekoration aus Muscheln und Körben aus Sisalgeflecht, den himmelblauen Handtüchern und der Seekartentapete herrscht im Badezimmer nun eine richtig entspannende Sommerferienstimmung,

Soll sich das Motiv der Sommerhütte am Meer konsequent durch das ganze Haus ziehen, dann passt so eine Seekartentapete wunderbar zum Thema. Weiße Bodenfliesen und Holzpaneele und Armaturen im Retrostil schaffen eine maritime Atmosphäre.

Wenn man lieber badet als duscht, ist eine Sitzbadewanne die richtige Lösung für kleine Badezimmer.

Terrazzo

Der Original-Terrazzofußboden mit Intarsienmuster war viel zu schön, um ihn zu zerstören. Als die Renovierung des Badezimmers anstand, wurde der Fußboden zum Leitmotiv für den neuen Look.

Solche Terrazzofußböden findet man noch immer in manchen Altbauwohnungen. Leider wurden die meisten von ihnen besonders in den 1970er- und 1980er-Jahren durch moderne Fliesenböden ersetzt. Manchmal wurde einfach nur darüber gefliest – dann kann man mit etwas Glück den Originalboden wieder freilegen. Das lohnt sich vor allem dann, wenn er, wie hier, noch über zusätzliche Intarsienmotive verfügt.

Es ist jedoch nicht immer leicht, den Terrazzoboden in eine moderne Umgebung zu integrieren, denn nicht immer findet man Zubehör in den passenden Farben. Im Zweifelsfall sind Glas und Spiegel eine stilneutrale Lösung.

Da das Badezimmer aus den 1950er-Jahren sogar mit einer Duschkabine ausgestattet war, hat man sich dafür entschieden, den Originalfußboden und die Originalfliesen zu erhalten. Kabinentür und Wandschränkchen aus Glas und Chrom bringen moderne Funktionalität mit ins Spiel, doch der nostalgische Look wurde mit dem Handwaschbecken und den Armaturen im Retro-Stil weitergeführt. Der antike Lehnstuhl mit dem altrosa Polster nimmt den Terrakottaton der Bodenintarsien wieder auf und bringt Gemütlichkeit und Wärme in den sonst leicht klinisch wirkenden Raum.

Römisches Bad

Die Farben des alten Rom – eine interessante Inspirationsquelle für dieses ungewöhnliche Badezimmer. Außerdem schmeicheln die warmen Farbnuancen der nackten Haut.

Duftende Seifen und kostbare Parfumflakons runden den luxuriösen Eindruck ab.

Nackte Wände, verblichene Gardinen und cremefarben lackierte Möbel – eine raffinierte Mischung von modernem Design und romantischer Vergangenheitsschwelgerei.

Auf der marmornen Badewannenumrandung ist viel Platz für Badeöle und Kerzen. Lampen, Spiegel, Waschbecken- und Duscharmaturen sorgen für den Luxus eines internationalen Fünf-Sterne-Hotels.

Nach dem Entfernen mehrerer Schichten alter Tapeten fanden die Bewohner nackte Wände vor, die sehr dekorativ an alte Fresken erinnerten und beschlossen, sie so zu lassen. Wenn Sie nur über langweilige, perfekte Wände verfügen, malen Sie einfach selbst ein Fresko darauf. Tragen Sie zunächst zwei bis drei Farbnuancen, etwa Nougat, Rosa und ein wenig Grün, stark verdünnt und nass-in-nass auf die Wand auf. Treten Sie ein paar Schritte zurück, um das Ergebnis zu begutachten. Dann fügen Sie hier und dort, je nach Geschmack, noch etwas mehr von der einen oder anderen Farbe hinzu, bis Sie ganz zufrieden sind.

Vor einem schmeichelnden Hintergrund betrachtet man sich mit viel freundlicheren Augen. Eine schöne Umgebung ist eine Labsal für die Sinne.

Zeichentrick

Eine verschmitzte Mischung aus exklusiv und zusammengesucht, banal und intellektuell: Ein Badezimmer mit Großstadt-Glamour.

Wer sagt, dass Gartenmöbel, Büromobiliar und exklusives, modernes Design nicht zusammenpassen, sollte sich einmal dieses Badezimmer anschauen. Anstelle des traditionellen Spiegels über dem Waschbecken wurde hier eine Platte aus galvanisiertem Stahl montiert, auf der die beiden kleinen Spiegelfliesen je nach Bedarf und Geschmack versetzt werden können. Nur der Seifenbehälter wurde durch die Platte direkt an der Wand verschraubt.

Je nach Lust und Laune kann man beim Zähneputzen aus dem Fundus des Magnetsets einen neuen Text konstruieren oder den Blick über den frechen Comic-Fries streifen lassen, der sich oben an der Wand entlang zieht. Da das Comicpapier relativ dünn und porös ist, wurde es nach dem Antrocknen des Tapetenkleisters mit mattem Transparentlack fixiert. Die schwungvolle Ablage für Zahnputz- und Waschzeug und die italienische Wandlampe nehmen das Comic-Thema wieder auf. Solche sorgfältig ausgewählten Details können eine überwiegend aus Flohmarktfunden zusammengestellte Einrichtung um Klassen aufwerten.

Man sieht, dass der Bewohner viel unterwegs ist: In der Zinkwanne stapeln sich Seife und Shampoofläschchen im Hotelformat.

pflegemittel
pappkartons
flohmarktfunde
büroregale
comic strips

Ruhe und Ordnung wie im Kurbad.

Badezimmer für Genießer

Ein blütenweißer Raum ist wie Balsam für die Seele. Das Rezept ist einfach: Man nehme die besten Zutaten, gebe reichlich Licht hinzu und vermeide das Überwürzen mit Toilettenartikeln und überflüssigem Nippes.

Kein Zweifel, dieses Badezimmer will imponieren – und das tut es, indem auf alles verzichtet wurde, das den Blick auf die erstklassige Ausführung aller Details verstellt. Der ganze Raum strahlt ein stolzes Selbstbewusstsein aus. Abgesehen von dem Original-Terrazzofußboden aus der Mitte des 20. Jahrhunderts besteht die gesamte Einrichtung aus dem Besten, das modernes Industriedesign zu bieten hat. Die strengen Linien werden einzig durch die Spiegel in den versilberten Art Deco-Holzrahmen etwas aufgelockert. In so einem Raum darf einfach nichts herum liegen, daher werden alle Toilettenartikel in einem Wandschrank verstaut.

Die Beleuchtung ist besonders im Badezimmer von immenser Wichtigkeit. Hier fällt das Tageslicht von zwei Seiten in den Raum, was schon für sich allein genommen sehr stimmungsvoll ist. Vor allem jedoch wurde für eine optimale Beleuchtung über dem Waschbecken gesorgt, die zusätzlich durch gleichmäßig verteilte Halogen-Deckenspots unterstützt wird. Das reichlich vorhandene Licht wird zudem durch die großen Spiegel noch verdoppelt.

Nackter Beton

Warme Holztöne machen dieses Badezimmer im modernen Shaker-Stil wohnlich und entspannend.

Beim Shaker-Stil denkt man automatisch an Harmonie und Schlichtheit – wie geschaffen für ein Aromatherapiebad.

Die warmen Brauntöne von Schranktüren und Kosmetikbehältern nehmen der überwiegend in Weiß und Kitt gehaltenen Badezimmereinrichtung die kühle Ausstrahlung und machen den Raum auf entspannende Weise wohnlich.

Das Waschbecken mit der breiten Ablagefläche wurde in einem Stück aus Beton gegossen. Anschließend wurden die Kanten abgerundet, die Oberflächen glatt geschliffen und mit Biowachs behandelt. Dadurch fühlt sich das von Haus aus kühle Material nun samtig und warm an. Die Schranktüren aus afrikanischem Wengé-Holz strahlen eine Wärme und Farbtiefe aus, die auf die gesamte Umgebung abstrahlt. Der Waschtisch ist breit genug, um darauf das Baby zu wickeln, und darunter sowie in den spiegelverglasten Wandschränken ist reichlich Platz für alles, was man im Badezimmer so braucht.

Das Waschbecken mit Ablagefläche wurde in einem Stück aus Beton gegossen, glatt geschliffen und mit Biowachs behandelt. Das verleiht ihm eine angenehme, warme Ausstrahlung.

Kosmetika und Zubehör werden in handgenähten Filzsäckchen dekorativ und platzsparend verstaut.

Land-Adel

Ein dampfendes Schaumbad vor warmen Holzpaneelen. Warme Läufer und weiches Frottee. Hier kann man beruhigt die Augen schließen und die Gedanken ziehen lassen – und baden wie in Abrahams Schoß.

Hier kann man tief ins Schaumbad sinken und es sich mit einer Tasse Tee wohl sein lassen. Weiche Frotteehandtücher hängen schon bereit.

In alten Zeiten, als es noch keine Badezimmer gab, wurde die Badewanne einmal im Monat in die warme Stube geschleppt und in mühevoller Arbeit mit eimerweise heißem Wasser gefüllt. Diese Atmosphäre findet man im angelsächsischen Kulturraum heute noch. In britischen Badezimmern fühlt man sich oft so geborgen wie in einem gemütlichen Wohnzimmer. Oft steht in so einem Raum nur die Badewanne – Toilette und Waschbecken befinden sich in einem Nebenraum.

Dies ist ein Bade-»Zimmer« im wahrsten Sinne des Wortes, mit englischen Tapeten, langen Gardinen, gemütlichen Möbeln und Bildern an den Wänden. Der Holzfußboden wurde mit Spezialfarbe gestrichen und anschließend lackiert, sodass er der Feuchtigkeit Stand hält.

Die Hauptrolle spielt hier natürlich die riesige Badewanne, innen blütenweiß und außen königsblau gestrichen, auf pompösen, vergoldeten Löwenfüßen. So eine Badewanne kann man fabrikneu oder gebraucht kaufen. Eine gebrauchte Badewanne wird wieder wie neu, wenn man sie innen sorgfältig abschleift und mit Hempels Bootslack streicht – natürlich unter freiem Himmel und mit Maske! Für den Außenanstrich empfiehlt sich Metallfarbe auf Wasserbasis. Wenn Sie einen Wohnraum zum Badezimmer umfunktionieren wollen, machen Sie sich zuvor mit den Vorschriften vertraut, sonst könnte es bei etwaigen Schäden Probleme mit der Versicherung geben.

Französischer Charme

Auch in Mietwohnungen muss man auf die romantische Wirkung von Natursteinmauern nicht verzichten, wenn man über Geduld und ein wenig künstlerisches Talent verfügt. Mit dem richtigen Beiwerk fühlt man sich schnell wie in Frankreich auf dem Lande.

Die imposante Natursteinmauer wurde hier mit Schwamm und Farbe auf den Rauputz gemalt.

In einem französischen Landhaus findet man nicht selten noch wunderschöne, nackte Wände aus Naturstein. Sie sind im Winter zwar bitterkalt und halten den Raum auch im Sommer relativ kühl, doch ihr romantischer Charme ist einfach nicht zu leugnen. Und sie sind eine wunderbare Inspirationsquelle. Als dieses ehemals langweilige, moderne Badezimmer renoviert werden musste, entschied man sich für einen ganz neuen Look.

Dafür braucht man nicht einmal den Fachmann, denn die Bemalung kommt sozusagen als Letztes, wenn der Raum eigentlich bereits fertig ist. Will man die Fliesen nicht entfernen, werden sie einfach zugespachtelt. Die übrigen Wände bekommen eine Schicht Rauputz und werden anschließend mit hellbrauner Spezial-Badezimmerfarbe gestrichen. Für die »Steinwände« tönen Sie zusätzlich je einen Eimer der Grundfarbe mit gebrannter Siena und einen zweiten mit Umbra ab und tupfen die Farbe in Kreisbewegungen mit einem Schwamm auf, der abwechselnd in eine der drei Farben getaucht wurde. Das Ergebnis wirkt sehr lebendig und natürlich. Richtig echt werden die »Steine«, wenn Sie hinterher etwas Farbpulver direkt mit dem Schwamm auf die Wand auftragen.

Der stilechte Bauern-Waschtisch wurde nach eigenen Entwürfen aus MDF-Platten gebaut. Das muschelförmige Handwaschbecken ist direkt darin eingelassen. Ähnliche Möbel kann man selbstverständlich auch fertig kaufen. Mit etwas Glück findet man alte Armaturen und Waschbecken auch beim Trödler oder auf dem Flohmarkt – oder auf der Ferienreise. Oft brauchen sie nur eine neue Dichtung, um wieder perfekt zu funktionieren. Der puderblaue Anstrich sorgt für den »waschechten« provençalischen Effekt.

… und es ward Licht

Wenn das Badezimmer ein winziger, lichtloser Raum im hintersten Winkel der Wohnung ist, muss man sich etwas einfallen lassen, um ihn mit Licht zu erfüllen. Glasbausteine sind eine »glasklare« Lösung.

Glasbausteine sind eine wunderbare Lösung für Badezimmer mit wenig oder überhaupt keinem natürlichen Lichteinfall. Sie wurden vor etwa 140 Jahren in Italien erfunden und zu Anfang vorwiegend in modernistischen Industriebauten verwendet. Und es ist genau dieser industrielle Art-Deco-Stil, der den hier gezeigten Badezimmern seinen besonderen Reiz gibt. Durch die Fliesen in warmem Hellbraun wirkt der sonst schlichte, funktionell eingerichtete Raum weniger klinisch.

Glasbausteine sind so einfach zu verarbeiten, dass man den Umbau auch gut selbst machen kann. Wenn der Raum völlig fensterlos ist, kann man einen Teil einer Zimmerwand durch Glasbausteine ersetzen, sodass natürliches Licht aus dem Nebenraum herein fällt. Wenn das Badezimmer sich an einer Außenwand befindet, kann man sogar noch radikaler sein und die gesamte Wand »verglasen«.

Auf der unebenen Oberfläche der Glasbausteine bricht sich das Sonnenlicht wie auf einer Wasseroberfläche. Diese Optik macht sie gerade für Badezimmer ideal. Sie lassen zwar Licht in den Raum, gewähren aber durch die Lichtbrechung keinerlei Einblick in das, was sich hinter der Mauer befindet. Daher sind sie auch geradezu genial für Duschkabinen in winzigen Badezimmern.

Die gläserne Duschkabine nimmt eine Ecke des winzigen Badezimmers ein. Ein Teil der Flurwand wurde durch Glasbausteine ersetzt, sodass nun natürliches Licht in den Raum fällt.

Toilettenartikel und Medikamente haben Platz in dem großen Medizinschrank mit einer Tür aus sandgestrahltem Glas.

Hier wurde ein Teil der Schlafzimmerwand durch Glasbausteine ersetzt, so dass zusätzliches Tageslicht in das Badezimmer gelangt.

ein amerikanischer traum

schlicht und elegant

zurück zur Natur

bella italia

rund um ein portrait

boudoir

nixenromantik

Das Schlafzimmer

Das Schlafzimmer ist das Letzte, das man abends vor dem Einschlafen und das Erste, das man morgens beim Aufwachen sieht. Obwohl man hier die meiste Zeit mit geschlossenen Augen verbringt, sollte dieser Raum mit mindestens ebensoviel Liebe eingerichtet sein wie der Rest der Wohnung. Das Schlafzimmer soll eine Oase der Ruhe und Entspannung sein, in die man sich am Ende des Tages gern zurückzieht – ein Ort der inneren Einkehr und Entspannung, an dem jeglicher Alltagsstress von uns abgleitet.

Erklären Sie das Schlafzimmer zur »technologiefreien Zone«. Filme, Computerspiele und die allerletzten Spätnachrichten sind einem entspannten, ungestörten Schlaf nicht gerade zuträglich, denn die alten Wach- und Fluchtreflexe sind immer noch viel zu tief in unser Genetik verankert. Daher ist es von elementarer Wichtigkeit, einen Ort zu schaffen, in dem wir uns sicher fühlen und uns tief entspannt unseren Träumen hingeben können.

LEX
ING

LEX
ING
TON

Ein amerikanischer Traum

Der kühle, frische New England-Stil ist inzwischen ein internationaler Klassiker – ein echter »American dream«.

Martha's Vineyard, Nantucket oder Cape Cod haben für die Amerikaner das gleiche Prestige wie die Insel Sylt für die Deutschen oder Skagen für die Dänen. Hier landeten die ersten Europäer und drückten der Kultur Nordamerikas ihren unauslöschlichen Stempel auf. Der europäisch geprägte, dennoch tief in der amerikanischen Kultur verwurzelte Stil »Neu-Englands« ist inzwischen unverwechselbar. Er hat durchaus auch ein paar Züge aus dem hohen Norden, denn noch heute werden in New England Holzhäuser im skandinavischen Stil gebaut und die klassischen amerikanischen Baumwollstoffe im Streifenmuster hatten ihren Ursprung ebenfalls in Nordeuropa. Zentrale Merkmale des New England-Stils sind die Farben Weiß, Marineblau und Rot, kombiniert mit Mahagoni, dunkelbraunem Leder, Rattan, gerahmten Schwarzweiß-Fotos und natürlich den »Stars and Stripes«-Motiven der amerikanischen Flagge.

Natürliche Holztöne, kombiniert mit Weiß, Marineblau und Rot sind die klassischen Farben des New England-Stils.

LEX
ING
TON

Schlicht und elegant

Ein ordentliches, piek-sauberes Schlafzimmer ist die beste Voraussetzung für einen sorglosen Schlaf. Wer es ganz besonders luxuriös mag, gönnt sich das Gefühl frisch gebügelter weißer Leinenbettwäsche.

Ein ganz in Weiß gehaltenes Schlafzimmer ist der Inbegriff von Ruhe und Meditation. Der Duft frisch gewaschener Bettwäsche und ein paar frischer Blumen sind Balsam für die stressgeplagte Seele. Ordnung und Übersichtlichkeit sind wichtig, wenn man sich vom Chaos des Alltags zurückziehen will.

Der Boden dieses Schlafzimmers im italienischen Landhausstil ist stilecht mit Terrakottaklinkern gefliest. In das antike, weiß lackierte Doppelbett mit dem dekorativen Kopfteil gehört ganz einfach blütenweiße Bettwäsche mit Spitzenkanten und gesticktem Monogramm.

Solche altmodische Bettwäsche aus Damast oder Baumwollpopeline gibt es noch heute zu kaufen. Doch sie macht etwas Arbeit, denn für das optimale Schlafgefühl sollte sie wirklich frisch gewaschen und gebügelt sein. Mit etwas Glück finden Sie beim Antiquitätenhändler oder Trödler noch schöne alte Bettwäsche mit Stickmonogrammen.

*Der Duft frisch gebügelter Bett-
wäsche und frischer Blumen
lässt die Sinne nach einem
langen, anstrengenden Tag
wunderbar zur Ruhe kommen.*

Zurück zur Natur

Das Gefühl, eng mit der Natur verbunden zu sein, ist eines der angenehmsten, gesündesten und effektivsten Schlafmittel.

Hier hat man das Gefühl, in einer Hütte mitten im Wald zu wohnen. Die rohen Fichtenbretter haben im Laufe der Zeit eine dunkle Alterspatina angenommen. Der visuelle Effekt des Raumes ist bereits so stark, dass man sich dafür entschieden hat, nicht mit Möbeln dagegen anzukämpfen. Das Kopfteil des Doppelbetts aus furniertem Holz scheint in der Wand zu verschwinden. Eine Holztruhe dient als Kommode und Nachttisch zugleich. Das einzige Zugeständnis an die moderne Zeit sind die Klemmleuchten zu beiden Seiten des Bettes. Hier ist man der Natur so nahe, dass man nur vor die Tür zu gehen braucht, um frische Blumen zu pflücken. Glück ist ein Spankorb voll frischem Kerbel an einem Sommermorgen.

Die Holzgarderobe im Shaker-Stil wirkt, als sei sie aus der Wand gewachsen.

Der weiß gekalkte Kamin und das weiße Hemd stehen im wirkungsvollen Kontrast zu dem dunklen Holz.

Schwedische Romantik

Aufwachen an einem schönen Sommermorgen in einer Geschichte von Astrid Lindgren – und das jeden Tag? Na, wenn man in seinem Schlafzimmer nicht träumen darf, wo dann?

Es ist ja nun leider nicht jedem vergönnt, auf einem Hof mit Aussicht auf den Schärengarten zu leben. Doch so ein typisch schwedisches Ambiente kann man mit weiß lackierten Möbeln und Holzpaneelen, Naturleinen und Polsterstreifen auch in den eigenen vier Wänden schaffen. Mit stilechtem Beiwerk – antikes Spielzeug und Schiffsmodelle, Leuchten im Retro-Stil und eine ganze Sammlung von Flechtkörben – scheint die Schlafstube direkt aus der Welt des »Michel aus Lönneberga« zu stammen.

Typisch für diesen Stil ist sanftes Graublau, kombiniert mit viel Hellgrau und Weiß. Durch die modernen Annehmlichkeiten und vor allem die äußerst präzise ausgeführten Malerarbeiten wirkt dieses Schlafzimmer eher, als gehöre es auf einen vornehmen Herrenhof als in ein schlichtes Bauernhaus.

In dem weiß lackierten Wäscheschrank ist nicht nur Platz für Bettwäsche, sondern auch für die Sammlung von antikem Spielzeug und Weidenkörben.

Boudoir

Das intime und feminine Schlafzimmer im Stil eines französischen Boudoirs ist das Pendant des klassischen »Herrenzimmers«.

Ein leichtes, beschwingtes und exklusives Ambiente: Durch die duftigen Gardinen aus Musselin fällt sanftes Tageslicht in den Raum. Der feingliedrige Schreibtisch lädt zum Briefeschreiben ein und auf einem kleinen Bücherregal drängt sich eine Auswahl des Besten, was die Weltliteratur zu bieten hat. Der imposante, vergoldete Spiegel dominiert den Raum, doch er wirkt durch die hohen Zimmerdecken nicht übermächtig. Goldgerahmte Bleistiftstudien, feingliedriges Mahagoni und echte Teppiche sagen deutlich: Hier empfängt die Dame von Welt!

chambre **noblesse**
ein hauch von
glamour
feminin und elegant

Briefe und Familienfotos, locker in den vornehmen Spiegelrahmen gesteckt,

unterstreichen den zwanglosen, künstlerischen Charme dieses femininen Boudoirs.

Boudoir petit

Während das elegante Boudoir auf den vorhergehenden Seiten vor allem durch die extrem hohen Wände und Fenster beeindruckt, sind die Verhältnisse hier etwas bescheidener. Doch es herrscht dieselbe zwanglose, künstlerische und zugleich feminine Atmosphäre.

Nach dem Entfernen von Schichten über Schichten alter, verwohnter Tapeten kam an der Außenwand dieses dekorative »Fresko« zum Vorschein, das viel zu schade war zum Überstreichen.

Leicht verschossene Farbtöne wie Altrosa, Beige, Goldgelb und Blassbraun passen besonders gut zu so einer »antiken« Wand.

Der zierliche cremefarbene Schminktisch und die vergoldeten Wandleuchten unterstreichen den Boudoirstil.

In einem so kleinen Raum ist es von Vorteil, wenn die Möbel leicht und zierlich sind. Der kleine Toilettentisch dient zugleich als Schreibtisch und Ablage, und statt der ausladenden Chaiselongue muss man sich hier mit Hocker und Lehnstuhl begnügen. Der Spiegel am Kopfende des Bettes vergrößert den Raum optisch und das große Gemälde sorgt für mehr Raumtiefe. Die Sammlung von antiken Koffern bringt einen Hauch von Fernweh in die kleine Stube.

Dinge, die viel gebraucht werden, bekommen mit der Zeit eine Art Eigenleben und eine Präsenz, die wesentlich zu der Atmospäre eines Raumes beiträgt. Schmuck und Accessoires oder auch eine hübsche Einkaufstüte, die farblich in die Einrichtung passt, sorgen für den persönlichen Touch und bringen Leben in den Raum

Zum Selbermachen:
Nach dem – vorsichtigen – Entfernen der alten Tapeten kommt zuweilen eine sehr interessante »Patina« zum Vorschein, die schon für sich selbst genommen äußerst dekorativ ist. Reparieren Sie kleine Risse und Löcher mit Spachtelmasse und lassen Sie diese gründlich trocknen. Anschließend wird die Wand mit Klarlack versiegelt, damit nichts bröckelt oder abfärbt.

Nixentraum

Ein gewisser Grünton, ein paar Strandkiesel und eine Rolle Sisalgarn wurden zur Inspiration für dieses eigenwillige Schlafzimmer. Die ganze Familie half mit, allerlei Strandgut für die Einrichtung zusammenzusuchen. Und mit jeder neu entdeckten Herrlichkeit kam man auf immer wieder neue Ideen!

Das klassische amerikanische Patchwork-Quilt passt farblich genau dazu.

Auf einem Strandspaziergang kann man Einrichtungsgegenstände zusammensuchen – Regalbretter, Gardinenstangen und Kleiderhaken aus Treibholz, Muscheln und Strandkiesel als Dekoration.

Das unter einem Regalbrett festgeschraubte, abgebrochene Paddel dient nun als witziger Nachttisch.

Ein bunter Sommerblumenstrauß und Hängekörbe mit zartblau blühendem Plumbago bringen Leben in den Raum.

Die blaugrünen Wände scheinen dieses Schlafzimmer geradezu zu umfließen. Die Wellenstruktur entstand, indem die weiße Strukturtapete mit einem abwechselnd in blaue oder grüne Farbe getauchten Stofflappen »überlasiert« wurde. Die selbst gebaute Regalwand aus Treibholz bekam einen Anstrich mit meerblauer Lasur. Eine sehr dünn angerührte Lösung aus Wasser, Binderfarbe und indigoblauem Pigment sorgt für den richtigen pastelligen Effekt.

Auch die Gardinenstangen und der »stumme Diener« hinter der Tür bestehen aus Treibholz, das hier jedoch unbehandelt blieb. Dekorationen aus Muschelschalen und Strandkieseln runden die Unterwasserstimmung ab.

Zum Selbermachen:
Die Regalträger bestehen aus halbierten Treibholzbalken, die mit Metallwinkeln so unsichtbar wie möglich an der Wand verschraubt wurden. Auch die Regalbretter bestehen aus passend zurecht geschnittenen Treibholzbrettern. Sie sind so angebracht, dass die jeweils rundere und dekorativere Seite nach außen zeigt. Das fertige Regal bekam einen Grundanstrich aus weißer Binderfarbe und wurde anschließend mit einer dünnen Lasur aus Wasser, Binderfarbe und indigoblauem Pigment lasiert. Die Lasur soll dabei keinesfalls deckend aufgetragen werden, sondern, ähnlich wie im Inneren von Miesmuschelschalen, in der Farbtiefe stark variieren.

Achtung: Die Farbwirkung von Pigmentfarben ist sehr schwer abzuschätzen, da sie im nassen Zustand sehr viel dunkler und glänzender wirken als nach dem Trocknen. Eine sehr dünne Lösung ist hier am besten.

H24

Holen Sie sich Ihre Inspiration von Strand, Meer, Treibholz und pittoresken Fischerhütten, und lassen Sie dabei die sorglosen, sonnigen Tage an der See Revue passieren.

Zum Selbermachen:
Ein kleiner »Wellenbrecher« aus Strandkieseln vor der Balkontür bringt den Sommer ins Haus. Legen Sie die Kiesel lose aus oder fixieren Sie sie mit Fliesenkleber und weißem Fugenfüller.

Schleifen Sie einen alten Tonkrug gut ab, tragen eine ca. 1/2 cm dicke Schicht Fliesenkleber auf und legen darauf dicht an dicht kleine Strandkiesel, Muscheln oder Glasstücke.

Bella Italia

Dieses Schlafzimmer mit angrenzendem Atelier ist ein wahres Künstlerparadis. Am Tage flutet das Licht durch die riesigen Doppeltüren und nachts kann man beim Einschlafen direkt in den Sternenhimmel gucken – wenn es das Wetter zulässt.

Diese Räume erzählen eine ganze Geschichte: Vorbei sind die Studienjahre, die Zeit der brotlosen Kunst – dieser Maler hat endlich die Anerkennung erhalten, die ihm zusteht, und kann nun sein Leben in vollen Zügen genießen. Der einzige Schmuck in dem großen, hellen Haus mit den nackten, weißen Wänden sind architektonische Elemente in Form von Säulen und Halbsäulen. Nichts lenkt von dem wunderbaren Blick durch die geöffneten Doppeltüren auf den idyllischen Innenhof ab. Obwohl sich das Haus im Norden Europas befindet, denkt man hier sofort an die Marmorbrüche von Carrara, an den Duft von Zitronenblüten und an das plätschernde Wasser römischer Brunnen.

Der antike Stil wird weitergeführt durch die Sammlung von Terrakottakrügen und ein altes, goldgerahmtes Dokument. Der schöne antike Schrank aus dunklem Holz, der das Schlafzimmer dominiert, als sei er hier gewachsen, trägt zu dem Eindruck bei, dass es sich hier nicht um ein neu gebautes, sondern um ein perfekt renoviertes altes Haus handelt. Alles ist so sauber und wohlgepflegt wie in italienischen Villen, wo es im Gegensatz zum ungezwungenen, leicht schäbigen Stil des französischen Mittelmeers auf gepflegte Eleganz und allerhöchste Klasse ankommt.

Beim Geräusch von rieselndem Wasser kehrt Ruhe in die Seele ein.

Das Atelier liegt direkt neben dem Schlafzimmer. Ein Oberlicht sorgt für ausreichendes Tageslicht.

Der Wachhund hat sein Lieblingsplätzchen auf dem antiken eisernen Kinderbett.

Zum Selbermachen:
Das Becken wurde aus Beton gegossen und mit Granitsteinen umrandet. Den Sockel für die Brunnenstatue aus Marmor bildet ein Kanalisationsrohr.

Durch die feinen Weißnuancen wirkt der Raum hell und rein. Die Einrichtung ist eine poetische Mischung aus Alt und Neu.

Rund um ein Portrait

Hier dreht sich alles um ein einziges Kunstwerk. Ein geradezu asketisch weißer Hintergrund lenkt die gesamte Aufmerksamkeit auf das subtile Zusammenspiel von Linien und Schattierungen.

Ausgangspunkt für die Einrichtung war die schwungvolle Tuschzeichnung über dem Bett. Bild und Rahmen sind eine Sinfonie von zarten Nuancen und feinen, schwungvollen Linien. Damit nichts davon ablenkt, ist der gesamte Raum in Weiß- und Silbertönen gehalten. Der helle Holzfußboden wurde weiß gekalkt, die Wände cremeweiß gestrichen und der Lampenschirm hat denselben dunkleren Cremeton wie das Passepartout des Kunstwerks. Bettwäsche, Tischdecke und Teppich sind schneeweiß. Das Silbergrau der Zeichnung wird von silbernen Bilderrahmen, dem Silbertablett und dem Lampengestell aus Chrom wieder aufgenommen. Dazwischen wirkt der altgoldene Rahmen des riesigen Spiegels geradezu farbenfroh.

Im goldgerahmten Spiegel über dem niedrigen Tisch mit dem vornehmen Silbertablett spiegeln sich Babys Plüschtiere.

LUCHA LIB
EN BA
Gran
Festival
MAIG

Schlusswort

Wie fange ich an?

Nehmen Sie sich gelegentlich eine halbe Stunde Zeit und sehen sich in Ihrem Zuhause sorgfältig um. Denken Sie genau darüber nach, was Sie gern um sich haben. Was empfinden Sie gegenüber jedem einzelnen Gegenstand? Gefällt er Ihnen wirklich – und wir meinen »wirklich, wirklich« – oder haben Sie sich nur wohl oder übel an ihn gewöhnt? Es kommt hier vor allem darauf an, zu den Dingen Stellung zu beziehen und sich darüber klar zu werden, ob er Ihnen oder einem anderen Familienmitglied wirklich etwas bedeutet. Funktioniert es so, wie es ist? Ist es schön oder nützlich? Und wenn nicht, kann man es neu beziehen oder frisch bemalen? Vielleicht sollten Sie jetzt endlich ernsthaft damit anfangen, auf das zu sparen, was Ihnen wirklich vorschwebt..

Leben Sie Ihre Träume aus

Träumen Sie davon, in Italien zu wohnen, obwohl ein Umzug absolut nicht in Ihr Leben passt? Dann machen Sie das Beste aus dem, was Sie haben. Holen Sie sich ihre Inspiration von Postkarten, Kunstbänden oder vielleicht von einem Lieblingsfilm. Wie wohnen die Menschen darin? Welche Farben haben die Wände? Schaffen Sie sich ein paar Terrakottakrüge oder anderes stimmungsvolles Beiwerk an. Vielleicht ist das Endergebnis nicht das Ziel Ihrer Träume, aber es gibt Ihren Träumen zumindest Wohnrecht.

Nur zu!

Fangen Sie einfach irgendwo an. Wenn es nicht funktioniert, kann man es immer wieder ändern. Durch die spielerische Freude am Experimentieren erwacht Ihre Wohnung zum Leben und wird zu Ihrem eigenen Reich.

Machen Sie es selbst

Nähen, stricken, malen Sie etwas. Sind Sie ein Segler, dann haben Sie stets Zugang zu Tauwerk und Schiffszubehör. Jagen Sie, dann hängen Sie ein Geweih an die Wand. Und wenn Sie Kinder haben, dann kennen Sie die belebende Wirkung fröhlicher Kinderzeichnungen. Und in jedem Falle ist es besser, eine ständig wechselnde »Ausstellung« zu betreiben, als sich ein- für allemal festzulegen.

Es geht noch weiter

Sicher, Sie sind jetzt auf der letzten Seite dieses Buches angelangt, doch nun sind Sie dran. Schauen Sie sich in Geschäften, auf Flohmärkten und Auktionen um oder surfen Sie im Internet nach Adressen für die Möbel und das Zubehör Ihrer Träume. Wir wünschen Ihnen viel Erfolg bei der ganz persönlichen Gestaltung Ihres eigenen Zuhauses.

www.homesweethomebooks.com

Die Autoren:

Iben (Parup) Ahlberg hat sich eigentlich ihr ganzes Leben lang in irgendeiner Form mit Inneneinrichtung beschäftigt, anfangs als Stylistin und Requisiteurin für Werbefotografen. Seit 20 Jahren arbeitet sie als selbständige Fotografin. Auf ihrer Suche nach Inspirationen und spannenden Wohnungen für ihre Reportagen hat sie dabei ganz Dänemark und viele europäische Länder bereist.

Niels Ahlberg entdeckte nach vielen Jahren als Modefotograf seine Liebe für Interieurfotografie. Nun investiert er sein Talent und seine Ideen in die Zusammenarbeit mit Iben und in alles, was mit Wohnen zu tun hat.

Gemeinsam haben sie zahlreiche Artikel fotografiert und geschrieben, deren Themen von der ersten Studentenbude bis hin zum Lebensstil der Reichen und Berühmten reichen. Ihre stilvollen Lifestyle-Reportagen erscheinen regelmäßig in skandinavischen und internationalen Zeitschriften.

»home sweet home« ist das erste gemeinsam verfasste Interieur-Buch des Paares.

Iben & Niels Ahlberg
home sweet home – gor noget ved din indretning

Text und Fotos: Iben & Niels Ahlberg
ISBN 87-91962-00-5
www.homesweethomebooks.com

Deutsche Ausgabe:

Übersetzung: Frauke Watson, F-Callian
Satz: L&L Fotosatz GmbH, Hiddenhausen
Druck und Verarbeitung: Mohn media Mohndruck, Gütersloh
ISBN 978-3-512-03316-2
www.busse-seewald.de